DIDELIS DIEVAS

Kai Dievas tampa didesnis už
Tavo realybę

Andrey Shapoval

ISBN: 978-609-96222-0-0

Didelis Dievas! Kai Dievas tampa didesnis už tavo realybę

Autorinės teisės © 2020 Andrey Shapoval
Visos teisės apsaugotos.

Šį leidinį draudžiama atgaminti bet kokia forma ar būdu, viešai skelbti, taip pat padaryti viešai prieinamą kompiuterių tinklais (internete), išleisti ir versti, platinti jo originalą ar kopijas: parduoti, nuomoti, teikti panaudai ar kitaip perduoti nuosavybėn be atskiro raštiško leidėjo sutikimo.

Šventojo Rašto citatos pateikiamos iš:
Biblija. Senasis Testamentas. Naujasis Testamentas.
Krikščionių bendrijos „Tikėjimo Žodis" parengtas vertimas (LTŽB) 2010;
Šventasis Raštas. Lietuvos Biblijos Draugija, Vilnius, 1999.

Iš rusų k. vertė: Karina Astrauskaitė
Kalbos redaktorė: Edita Didenkienė

TURINYS

Įžanga

1. Dievas kelyje 9
2. Kas jus čia įleido? 23
3. Trenk jam! 33
4. Tai neįmanoma 43
5. Dvasia kalba aiškiai 53
6. Mes jūsų laukiame ištisą dieną 63
7. Naktis, kurios niekada neužmiršiu 81
8. Ačiū Dievui už Dievą 93
9. Kas jūs tokie? 107
10. Ugnis mano krūtinėje 123
11. Žmogus, kuris bus naudojamas Dievo 139
12. Tai tapo mano gyvenimo būdu 153

Priedas 1 171

Priedas 2 172

Priedas 3 173

ĮŽANGA

Mielas drauge,

Rašau šią knygą asmeniškai tau, kad galėtumei išvysti Dievą daug didesnį nei Jį regėjai anksčiau. Juk iš tiesų Dievas yra labai DIDELIS IR DIDINGAS!!! Jis neturi nei pradžios, nei pabaigos, didis „AŠ ESU": visada buvo, yra ir bus. Jo neįmanoma išmatuoti nei pagal aukštį, nei pagal gylį, nei pagal bet kokį kitą žmogišką matą, Jame amžinybės matmenys. Dangus yra Jo sostas, o žemė – Jo pakojis. Jei Dievas sukūrė dangų ir žemę, tai Jis yra aukščiau visos Savo kūrinijos. Nepaisant viso to, Jis trokšta atsiskleisti žmogui ir atnešti Savo šlovę į žemę.

Jo realumas žemėje neišblėso. Šiandienos darbai nesibaigė, jie tęsiasi! Dievas ieško žmogaus: *kas eis už mus*? Kas taps atsakymu šiai kartai? Kas išdrįs įkopti į Viešpaties kalną? Kartą Dievas norėjo priartinti Savo vaikus, Izraelio tautą, prie Savęs, bet **jie** to nepanoro. Izraelitai šventino save tris dienas, bet kai pamatė ugnimi degantį, griaustiniu riaumojantį, ištiktą žaibo bei žemės drebėjimo Sinajaus kalną, juos pagavo stipri baimė, kilusi iš Dievo realybės. Net pats Mozė sakė: „*Aš bijau ir drebu.*" Žmonės jam sakė: „*Ne, Moze, mes neisime, tu pats eik ten.*" Kodėl? Tai nėra religija, ne šou, ne vaikščiojimas į bažnyčią. Dievo šlovė – tai Dievo tikrovė, kurioje vyksta stebuklai ir žemėje atsiveria dangus.

Pamąstyk, kur tu randiesi šiuo metu: ši knyga yra tavo rankose, tu gyveni tam tikroje gatvėje, kuri yra tavo mieste, miestas – šalyje, šalis – tam tikrame žemyne, žemynas – planetoje, žemės planeta – saulės sistemoje, saulės sistema yra Paukščių Tako galaktikoje. Mūsų galaktika yra viena iš daugybės begalinėje Visatos erdvėje, o visa Visata yra Dievo rankose! Taip, teisingai: visa Visata yra Dievo rankose!!! Ir pats Dievas dabar Savo Dvasia yra tavyje!!! Ir kuo labiau pažįsti Dievą, tuo labiau pasineri į Jo pasaulį – į amžinybės pasaulį, kuriame veikia Jo įstatymai.

Ar esi pasiruošęs gyventi su Dievu ir regėti kuriantį Tėvą? Ar esi pasirengęs toliau rašyti savo gyvenimu tai, ką Jis nori nuveikti žemėje, skelbdamas ateinančiai kartai Viešpaties šlovę, Jo galią ir stebuklus, kuriuos Jis padarys?

Meldžiu, kad kiekviename knygos skyriuje Šventoji Dvasia tau vis naujai atskleistų Tėvą – kokio anksčiau dar nebuvai pažinęs, kad galėtumei su visais šventaisiais pasiekti tą plotį ir ilgį, gylį ir aukštį, kad galėtumei pasinerti į Jį, būt pagautas Jo didybės ir paskęsti Jo šlovėje, galybėje ir pasilikti ten amžinai – tai amžina erdvė, dėl kurios tu gimei. Tu atėjai iš Jo, gyveni per Jį ir sugrįši pas Jį.

O Tam, kuris mumyse veikiančia jėga gali padaryti nepalyginamai daugiau nei ko mes prašome ar suprantame, Jam šlovė Bažnyčioje Kristuje Jėzuje per visas kartas per amžių amžius. Amen!

1 SKYRIUS

DIEVAS KELYJE

O, Dievo turtų, išminties ir pažinimo gelme! Kokie neištiriami Jo sprendimai ir nesusekami Jo keliai! Visą amžinybę pažinsime Viešpatį. Didingas, Aukščiausiasis, Visagalis, Alfa ir Omega, Kareivijų Viešpats, Teisėjas, Gydytojas, Išlaisvintojas... Kiekvienas Dievo vardas mums atskleidžia Jo prigimtį ir esmę. Kiekvienas Jo vardas apreiškia Jo galybės įvairovę. Šioje knygoje per visus apreiškimus ir istorijas, nutikusias mano gyvenime, noriu atskleisti didingo Dievo vardą – STEBUKLADARYS!

Taip, tai skamba keistai, bet būtent kelyje pradėjau pažinti stebuklus darantį Dievą. Nuo pat mano kelionės su Dievu pradžios Jis man ėmė skleistis kaip LABAI didingas. Anksčiau dėl savo nuodėmingo gyvenimo turėjau labai didelių problemų su policija. Septyneriems metams man buvo atimtas vairuotojo pažymėjimas, o kadangi Amerikoje apsieiti be automobilio neįmanoma, aš vis tiek toliau

DIDELIS DIEVAS

važinėjau. Policija kelis kartus buvo sustabdžiusi mane be vairuotojo pažymėjimo, buvo net konfiskavusi automobilį, bet aš vis tiek toliau važinėjau ir gyvenau taip pat, kaip ir anksčiau, vis labiau klimpdamas į skolas ir nusivylimą. Dokumentai ir policija visada kėlė įtampą, nes tie dalykai man buvo painūs ir sudėtingi. Panašu, kad per tai velnias visais įmanomais būdais bandė sugriauti mano gyvenimą. Aš sumokėjau tiek baudų, kad už tuos pinigus būtų galima pastatyti namą. Taip buvo ir prieš mano atsivertimą.

Kai susituokėme su Natalija, jaučiausi atsakingas už šeimą ir supratau, kad man reikalingas nuolatinis darbas. Turėjau didelį troškimą toliau ieškoti Dievo, norėjau kuo daugiau laiko praleisti su Juo. Taigi pradėjau Jo prašyti tokio darbo, kurį dirbant galėčiau daug melstis.

Vienas mano bičiulis pasakojo, kad neseniai pradėjo dirbti kurjeriu: pasikraudavo partiją vaistų ir išvežiodavo į vaistines. Nors dirbo įmonėje, jis tuo pačiu metu buvo ir savininkas. Išgirdęs apie tokį jo darbą pagalvojau: *„Jeigu gaučiau tokį darbą, galėčiau visas savo darbo valandas praleisti su Dievu ir melstis."* Tik aš vis dar neturėjau vairuotojo pažymėjimo ir tai buvo problema. Kas mane priims dirbti vairuotoju, kai aš turiu tiek pažeidimų? Visiškai neturėjau teisės vairuoti! Jei būčiau bent kartą pagautas sėdintis už vairo, būčiau iškart pasiųstas į kalėjimą. Nedelsiant! Štai kaip man viskas buvo sudėtinga ir blogai su vairavimu.

Dievas matė, kad man reikia darbo, Jis matė mano širdį ir nuoširdų norą būti su Juo. Prisimenu, kaip tą naktį

DIEVAS KELYJE

atsikėliau melstis ir sakiau: „Viešpatie, aš tikiu, kad Tu gali duoti man šį darbą, ir pažadu, kad visas valandas automobilyje skirsiu maldai ir šlovinimui. Aš visiškai pasitikiu Tavimi."

Kitą rytą aš surizikavau: įvedžiau savo duomenis ir užpildžiau formą kurjerio-vairuotojo darbo vietai gauti. Praėjo vos kelios dienos ir man asmeniškai paskambino pats įmonės savininkas. Jis pranešė: „Andrejau, mes jus priimame į darbą. Rytoj 6 valandą jūs pradėsite pristatinėti prekes." Aš buvau sukrėstas, gerąja to žodžio prasme, ir tikrai mačiau tame Dievo ranką. Tačiau buvo dar vienas niuansas: man reikėjo automobilio, kad galėčiau dirbti, o aš jo neturėjau. Įsivaizduokite, tą pačią dieną mano pažįstamas iš bažnyčios man pasiūlė mikroautobusą, pasakęs, kad atiduos man jį išsimokėtinai, o pinigus galėsiu sumokėti vėliau. Ir taip kitą dieną 6 valandą ryto aš pradėjau dirbti!

Savo širdyje pasitikėjau Dievu, žinodamas, kad šis darbas yra atsakymas į mano maldą: pirma, turėsiu stabilias pajamas, antra, visas savo darbo valandas galėsiu skirti Dievui. Ir tik po kurio laiko supratau, kaip Viešpats per šią darbo vietą pradėjo man atskleisti Savo didybę ir atėjo į tą mano gyvenimo sritį, kur buvo didžiausias prakeiksmas. Jėzus atėjo sustabdyti velnio veikimą ir parodyti Savo viešpatavimą mano gyvenime.

Taigi už vairo praleisdavau po 7-8 valandas per dieną, visą tą laiką garbinau ir meldžiausi dvasia. Malda dvasia – tai kalba, kurią žino tik dangus, tai efektyviausia malda, tai yra šventųjų užtarimas pagal Tėvo valią. Kiekvieną rytą išeidavau iš namų, dieną pradėdamas mylima giesme: „Tada mano dvasia, Viešpatie, Tau gieda, koks didis Tu! Koks didis Tu!" Nuolat meldžiausi ir šlovinau nesustodamas. Jei atvirai, iš pradžių tai nebuvo lengva, man net skaudėjo žandikaulį, tačiau laikui bėgant tai tapo įpročiu. Aš taip žavėjausi Dievu, kad kiekvieno prekių iškrovimo metu kalbėjau tik apie Jį. Prisimenu, kaip viena mergina su karteliu sušuko: „Kodėl tu man visą laiką pasakoji apie Dievą? Ar įsimylėjai Jį?" Aš atsakiau. „Tu nesupranti – tai daugiau nei įsimylėjimas. Jis man yra viskas! Aš Juo kvėpuoju." Būdavo, kad į automobilį pasiimdavau benamius, pamokslaudavau jiems, meldžiausi už juos, variau iš jų lauk de-monus, jie visi atgailaudavo, tada aš juos pamaitindavau sumuštiniais ir išleisdavau ramiai eiti. Taip prasidėjo mano tarnavimo praktika. Automobilyje. Kelyje.

Vos po kelių savaičių nutiko kai kas ypatingo... Važinėdamas po miestą darbo reikalais aš meldžiausi, ir mane taip nunešė malda, kad nepastebėjau kelio ženklo „STOP" ir pralėkiau nesustabdęs. Aš nesiteisinu, tai buvo visiškai mano kaltė. Kad ir kaip būtų keista, toje vietoje tuoj pat atsirado policininkas. Jis iškart įjungė sireną ir sustabdė mane.

Puikiai suvokiau kuo man visa tai gresia: vairuotojo pažymėjimo nėra, draudimo nėra (norint apdrausti automobilį, reikalingas vairuotojo pažymėjimas), automobilis registruotas kito asmens vardu – žodžiu, daugybė nieko gero man nežadančių dalykų. Be viso šito, mano gyvenime buvo daug nemalonių susidūrimų ir problemų su policija. Amerikoje policija yra labai griežta, čia tu negali išsipirkti. Akimirksniu mano viduje viskas užgeso: *"Na, viskas, Andrejau, tavo daina sudainuota, įklimpai iki ausų."* Puikiai supratau, kad dabar mano autobusas bus konfiskuotas, aš neteksiu darbo ir man gresia kalėjimas...

Paprastai policija nedelsdama reikalauja, kad jūs pateiktumėte vairuotojo pažymėjimą ir registracijos dokumentus. Bet kai pareigūnas kreipėsi į mane, vietoj standartinių frazių jis uždavė klausimą: *"Ar turi teisę vairuoti?"* Aš taip įsitempiau, kad pradėjau neigiamai purtyti galvą: „ne", ir tuo pačiu metu ištariau tvirtą „taip". Pareigūnas nustebo ir vėl paklausė: *"Ar turi vairuotojo pažymėjimą?!"* Išsigandęs vėl purčiau galvą: „ne", ir tuo pačiu metu sakiau: „Taip, žinoma, turiu." Dėl to policininkas šiek tiek pasimetė, bet po to tarė: *"Prašau, tada parodyk."* Aš padaviau jam savo asmens tapatybės kortelę drebančiomis rankomis. Jis nuėjo prie savo automobilio, o po 15 minučių vėl sugrįžo prie manęs ir pasakė: *"Lipk lauk iš automobilio. Apgavai mane, neturi vairuotojo pažymėjimo, neturi teisės sėsti už vairo."* Jis tuoj pat uždėjo antrankius ir nusivedė mane į policijos automobilį. Po to jis iškvietė mano mikroautobusui vilkiką ir mes išvažiavome į policijos ko-misariatą.

Kaip man buvo gėda: išgyvenau susitikimą su Jėzumi, bandžiau melstis, ieškoti Dievo, o dabar surakintas antrankiais ant galinės policijos automobilio sėdynės riedėjau į kalėjimą... Dievo ieškotojas! Staiga šioje atmos-

DIDELIS DIEVAS

feroje išgirdau Šventosios Dvasios balsą: „*Jei būtumei pasakęs tiesą, turėčiau pagrindo padaryti stebuklą.*" Man pasidarė dar blogiau. Toks paprastas egzaminas, ir aš neįstengiau jo išlaikyti. Taigi pasilenkiau į priekį ir nusprendžiau bent atsiprašyti: „*Pone, aš jus apgavau*"... Policijos pareigūnas atsisuko ir tarė: „*Taip, aš žinau.*" Ir aš tęsiau: „*Noriu atsiprašyti. Atleiskite, kad kalbėjau netiesą.*"

Jis nieko neatsakė, bet aš pastebėjau jo veide šypseną. Tada jis atsisuko į mane ir pasakė: „*Jaunuoli, noriu, kad žinotum: jei būtum sakęs man tiesą, aš būčiau tave paleidęs!*" Ką??? Mane tarsi vandeniu kas būtų užliejęs, – juk jis žodis žodin man pakartojo tai, ką prieš kelias minutes pasakė Dievas.

Noriu, kad žinotumėte, jog Dievas nedarys ste-buklų ten, kur pagrindas nutiestas melu. Melas turi kitą tėvą ir kitą šaltinį. Jei norite regėti Dievo stebuklus savo gyvenime – kalbėkite tiesą, kad ir kokia karti ji būtų. Mano širdis apsunko. Kurį laiką mes vis dar važiavome tylėdami, tada policininkas pasakė: „*Žinai, mes visi darome klaidų. Bet tu esi vykęs vaikinas, tu man patinki, todėl aš tau padėsiu.*" Atsidusau, įsižiebė bent mažytė vilties kibirkštis.

Policijos komisariate šis pareigūnas mane užtarė ir užpildė visus dokumentus. Jis turėjo kažkokį antgamtinį palankumą man: mačiau, kad jis nuoširdžiai bandė man padėti. Įsivaizduokite, be viso to aš paprašiau jo telefono paskambinti, kad galėčiau informuoti savo darbdavį.

Paskambinau draugams, ir jie ne tik parvairavo mano autobusiuką iš automobilių stovėjimo aikštelės, bet ir tą dieną už mane užbaigė visus pristatymus. Tik pagalvokite, – aš policininkui pranešiau, kad rytoj vėl eisiu į tą patį darbą ir, neturėdamas vairuotojo pažymėjimo, pristatinėsiu produktus tuo pačiu mikroautobusu. Panašu, kad policininkas to net negirdėjo. Jis taip rūpinosi manimi, kad netrukus jie mane paleido, o kitą dieną aš tęsiau darbą!

Praėjo dar dvi savaitės, aš vėl nepastebėjau ir pažeidžiau kažkurią iš taisyklių. Staiga matau – ogi mane motociklu vejasi policininkas. Tai buvo greitkelio patrulis, įjungęs sireną jis mane sustabdė. Pasijutau taip bjauriai: vėl atsidūriau toje pačioje situacijoje.

Kalifornijoje yra toks posakis: jei tave sustabdo policininkas ant motociklo – rudaplaukis ir su ūsais – toks niekada neatleidžia! Mes su draugais visą laiką apie tai juokavome. Ir štai dabar mane sustabdo motociklu važiavęs policininkas, galiniame veidrodyje matau, kaip jis artinasi prie manęs, nusiima šalmą, o aš sustingstu iš siaubo – jis rudaplaukis ir su ūsais! Na, manau, kad tikrai jau įklimpau. Tą pačią akimirką prisiminiau žodžius: *„Jei būtumei pasakęs tiesą, turėčiau pagrindo padaryti stebuklą..."* Tada nusprendžiau jam rėžti visą tiesą, kol jis nespėjo manęs ko nors paklausti. Ir ką jūs manot, jis prieina prie manęs, o aš per atidarą langą pakeliu į viršų savo rankas ir sakau:

– Galite mane vežti į kalėjimą, aš neturiu nei vairuotojo pažymėjimo, nei draudimo, o ir automobilis registruotas ne mano vardu! Galite mane areštuoti.

Policininkas tiesiog krūptelėjo. Jį sukrėtė tai, ką jis išgirdo. Jis nežinojo, kaip elgtis, juk policija įpratusi, kad visi prieš juos save teisina, išsigalvoja begales istorijų, ginčijasi, o čia iš karto – „nieko neturiu, sulaikykite." Tada jis atsakė:

– Taip, palauk su kalėjimu, duok man bent kokius nors dokumentus, kuriuos galėčiau patikrinti.

Aš daviau jam savo asmens dokumentą ir jis nuėjo prie motociklo. Tada matau: jis grįžta, bet eina kažkaip keistai, tarsi sėlintų. *Kas dabar bus?* Priėjęs arčiau jis tarė:

– Jaunuoli, pažiūrėk man į akis.

Aš pažvelgiau, o jis tęsė:

– Kas tu esi?

– Andrej Šapoval, – nustebęs atsakiau.

– Pažvelk į mano akis! Niekada to nedariau savo gyvenime.

Pažiūrėjau į jį ir supratau, kad jam nutiko kažkas keisto. Ir jis tęsė:

– Aš dabar važiuosiu ten, – ir linktelėjo galva į kairę, – o tu važiuosi ten, – ir linktelėjo galvą į dešinę.

Tada jis numetė man asmens dokumentą, užsidėjo šalmą ir nurūko. Vienintelis mano dokumentas gulėjo man ant kelių, o aš nieko negalėjau suprasti: „*Kas tai buvo?*" Užvedžiau automobilį, bet toliau važiuoti neįstengiau, buvau nuneštas: „*Dieve, aš Tavęs visiškai nepažįstu, tiesiog nepažįstu, TU kur kas daugiau nei visi mano įsivaizdavimai.*" Aš verkiau prieš Jį, o tada vėl pradėjau šlovinti: „Tada, Tau, Viešpatie, gieda mano dvasia, koks didis Tu! Koks didis Tu!!! "

Ką jūs manot, po savaitės vėl... Mane sustabdė policininkas, šį kartą jau šerifas. Trečią kartą jaučiausi labiau pasitikintis savimi ir vėl nusprendžiau iškloti visą tiesą. Taigi atidariau langą, iškėliau rankas ir išpūčiau: „*Vežkite mane į kalėjimą, neturiu nei vairuotojo pažymėjimo, nei draudimo, ir automobilis registruotas ne mano vardu.*" Jo reakcija buvo tokia pati kaip ir rudaplaukio policininko su motociklu: jį ištiko šokas. Taip, tiesa kartais iškerta.

Aš jums nepatariu to daryti, jau nekalbant apie vairavimą be pažymėjimo, tačiau kelionės pradžioje neturėjau kito pasirinkimo, turėjau vairuoti. Dievas visa tai matė ir padėjo man atstatydamas viską, ką velnias sunaikino šioje mano gyvenimo srityje.

Šerifas paprašė manęs pateikti patikrinimui dokumentus. Aš padaviau jam savo asmens dokumentą ir jis nuėjo. Po kelių minučių žiūriu – jis grįžta labai sparčiu žingsniu. Priėjęs jis šveitė į automobilį mano doku-mentą ir paklausė:

– Kodėl mane apgavai?

Labai nustebau, nes juk sakiau tiesą, todėl sutrikęs atsakiau:

– Aš? Apgavau? Kaip?

– Aš patikrinau sistemoje visą informaciją apie tave – viskas gerai su tavo dokumentais, o kompiuteris rodo, kad turi vairuotojo pažymėjimą.

Jis man išrašė baudą ir mane paleido. Nieko negalėjau suprasti: „*Kas ką tik dabar atsitiko? Ką reiškia – yra vairuotojo pažymėjimas?*" Užvedžiau mašiną, bet toliau važiuoti neįstengiau, tiesiog vėl buvau nuneštas: „Dieve, aš Tavęs nepažįstu! *Tu esi aukščiau visų mano aplinkybių, daugiau nei aš galiu suvokti savo protu... DIDIS ir NUOSTABUS!* "

Mes, žmonės, turime ribas, bet Dievas jų neturi! Apie tai apaštalas Paulius rašė: „...kokia beribė Tavo galybės didybė" (Ef 1, 19). Bičiuliai, juk Jo **galia – beribė**! Turime augti Jo galios pažinimu. Daugelis žmonių taip dažnai irboja Dievą, sudėdami Jį į savo supratimo rėmus, taip formuodami savo nuomonę apie Jį. Arba tiesiog yra pripratę prie Jo, manydami, kad pažįsta Dievą. Kuo labiau ieškau Viešpaties, tuo dažniau susiduriu su nusivylimu, nes taip mažai Jį pažįstu! Supratau tik viena: turiu eiti į aukščiausio pašaukimo Kristuje Jėzuje garbę. Kuo labiau grimztu į Jo artumą, tuo labiau suprantu, kad tai yra Dievo turtų, didybės ir išminties gelmė.

Stebuklai mano gyvenime tęsėsi. Įdomus momentas įvyko, kai reikėjo pasiimti pirmąjį atlyginimą. Įmo-nė, kurioje aš įsidarbinau, tiekė labai brangius produktus

DIEVAS KELYJE

vaistinėms, todėl savininkas asmeniškai turėjo patikrinti visų naujai priimtų vairuotojų dokumentus. Paskirtu laiku visi darbuotojai susirinko atsiimti atlyginimus ir išsirikiavo eilėje su dokumentais rankose. Dideliame garaže prie stalo sėdėjo mūsų viršininkas su algomis vokuose; šalia stovėjo jo padėjėjas – rusakalbis vaikinas, kuris mane gerai pažinojo. Taigi vairuotojai prie stalo ėjo po vieną, vadovas tikrino vairuotojo pažymėjimą, automobilio registraciją, drau-dimą ir tik įsitikinęs, kad viskas tvarkoje, įteikdavo voką su atlyginimu.

Įsivaizduokite, aš pravažinėjau mėnesį, man rei-kėjo atlyginimo, ir čia, še tau, kad nori! ATSISTOJAU į eilę, savo rankose nieko neturiu – meldžiuosi: *„Dieve, aš nežinau, ką Tu darysi dabar ir koks stebuklas turi įvykti, kad galėčiau gauti savo pinigus... bet aš tikiu, kad Tu man davei šį darbą ir aš nedirbau veltui. Tu man jau parodei tiek daug stebuklų kelyje, tikiu, kad Tu ir čia padarysi stebuklą ir aš grįšiu namo su išrašytu čekiu.“*

Prieš mane eilėje stovėjo rusų tautybės vairuotojas, aukštas ir tvirtas vyras. Kai jis pateikė dokumentus, paaiškėjo, kad jis neturi draudimo, o visi kiti dokumentai buvo tvarkingi. Viršininkas, matydamas, kad nėra draudimo ėmė staugti ant padėjėjo: *„Ką tu čia priėmei? Kodėl jį priėmei? Jis neturi draudimo! Kodėl nepatikrinai? Ar suvoki, kaip tai rimta?"* Staiga į pokalbį įsikišo šis rusų tautybės vairuotojas, o paskui jie su savininku ėmė kivirčytis ir rėkti vienas ant kito. Žodžiu, mano akivaizdoje įvyko rimtas aiškinimasis. Vairuotojas šaukė: *„Atiduok* *man čekį!"* O savininkas jam atsakydamas rėkė: *"Neduosiu! Tu neturėjai teisės pristatyti prekių!"* Vyrai taip sproginėjo, kad beveik susimušė. O aš stoviu eilėje ir galvoju: *"Dieve mano! Priartėjo mano eilė, jei čia vyksta tokia kova dėl kažkokio draudimo, tai mano atveju jis paprasčiausiai mane nužudys arba iškart nušaus..."*

Rusakalbis vadybininkas nežinojo, ką daryti, nes viršininkas šaukė tai ant jo, tai ant vairuotojo. Sumišęs jis pažvelgė į mane, paskui vėl į verdančią kovą, paskui vėl į mane ir tarė: *"O, Šapoval Andrejus"*, – ir taip staigiai perbraukė ranka per čekius. *"Šapovalai, štai čia tavo čekis, imk ir eik"*, – tarė jis man ir padavė voką. Tyliai paėmiau čekį, išsliūkinau iš eilės ir patraukiau auto-mobilio link, o riksmai garaže vis dar tęsėsi.

Kai užvedžiau automobilį, neįstengiau toliau važiuoti, nes vėl buvau nuneštas: *"Viešpatie, Tu toks didis!!!"* Pamačiau Dievą, kuris gali padaryti nepalyginamai daugiau nei visa, ko mes prašome ar pagalvo-jame. Pradėjau Jį girti ir pajutau, kaip Dievo Dvasia pripildė mano automobilį ir tarė: *"Sūnau, ar tu dar ne-supratai, kad kai Aš atidarau – niekas neuždarys, bet kai Aš uždarau – niekas neatidarys. Kas tau davė šį darbą? Ieškok Mano veido ir pamatysi daug daugiau nei dabar matai. "*

Išdirbau šioje įmonėje porą metų, per tą laiką Dievas antgamtiškai atstatė mano gyvenimą, įskaitant mano dokumentus ir vairuotojo pažymėjimą. Jis pradėjo daryti stebuklus ir atnešė palaiminimus į tas sritis, kuriose aš turėjau tikrą prakeiksmą: su finansais, su policija, su dokumentais. Tai galėjo padaryti tik Visagalis Dievas!

Parašyta: „*Pasitikėk Viešpačiu visa širdimi ir nesiremk savo supratimu. Visuose keliuose pažink Jį ir Jis nukreips Tavo kelius.*" (Pt 3, 5-6). Aš ir toliau kiekvieną dieną pažinau Jį, o Jis mane žingsnis po žingsnio mokino **vaikščioti Jame**. Man ne visada viskas pavyksta, esu pats netobuliausias žmogus, turiu daugybę rūpesčių ir sunkumų, bet aš tikiu **Didžiu Dievu, tiesiog beprotiškai Juo tikiu**.

„*Aš prisiminsiu Viešpaties darbus; prisiminsiu Tavo padarytus stebuklus; Aš įsigilinsiu į visus Tavo darbus, mąstysiu apie Tavo didžius darbus, Dieve! Šventas yra Tavo kelias. Kas yra toks didingas kaip mūsų Dievas! Tu esi stebuklus darantis Dievas!*"(Ps 77, 11-14). **Savo gyvenime nusprendžiau gilintis į visus Dievo darbus ir augti Jo didybės pažinimu**, kuri yra neišmatuojama! Aš visą dėmesį sutelkiau į Jį ir atiduodu visą save, kad Jis galėtų įgyvendinti Savo valią per Šventąją Dvasią mano gyvenime.

Viešpatie, dabar meldžiuosi už kiekvieną žmogų, kuris susiduria su problemomis dokumentų ir darbo srityje. Aš meldžiu, įženk į jų situaciją ir parodyk Savo šlovę dabar, kai jie skaito šią knygą. Tegul šios istorijos atgyja jų gyvenime ir situacijose. Šventoji Dvasia, Tu kvėpuoji, kur nori, nes Tau nėra nei atstumo, nei laiko. Aš meldžiu, kad šie knygos skyriai atgytų žmonių gyvenimuose, tegu jie iš tiesų išvysta Tavo šlovę savo situacijose. Jėzaus Kristaus vardu!

Bičiuliai, ištarkite kartu su manimi:

Tėve, aš priimu Tavo malonę į kiekvieną savo gyvenimo sritį, tegul Tavo malonė užpildo visą mano vidų, o

DIDELIS DIEVAS

Tavo palaiminimas tegu praturtina mano gyvenimą, išstumdamas iš mano likimo bet kokį liūdesį.

2 SKYRIUS
KAS TAVE ČIA ĮLEIDO?

Stebuklai – Dievo tikrovė, tai yra Jo ypatinga tarmė, kuria Jis atveria tikrąjį dangaus pasaulį, kad mes pradėtume matyti Jo žvilgsniu iš Amžinybės pozicijos ir kad mūsų mąstymo būdas pasikeistų. Daugybę kartų mačiau skirtumą tarp Dievo ir mūsų žemiškosios tikrovės. Mačiau, kaip paklusus Šventajai Dvasiai atsiverdavo dar viena dimensija ir Dievo jėga įsiverždavo į fizinį pasaulį, į žemės teritoriją.

Mano gyvenime atėjo laikas, kai Dievas pradėjo vis plačiau atidarinėti duris tarnystei skirtingose šalyse. Kartą man teko skristi į Vokietiją surengti maldos susirinkimus kelioms bažnyčioms. Pamenu, kaip greitai susikroviau daiktus į lagaminą ir patikrinau pasą. Kaip jau žinote, visada turėjau problemų su dokumentais. Dėl kai kurių pamestų dokumentų niekaip negalėjau gauti leidimo gyventi Amerikoje, todėl negalėjau laisvai skraidyti į kitas šalis. Vienintelis būdas man išskristi ir sugrįžti atgal į Ameriką, tai turėti pabėgėlio dokumentą arba „mėlynąjį pasą", kaip mes jį vadiname. Jis išduodamas tik vieneriems metams.

Dar kartą pažvelgiau į savo „mėlynąjį pasą" – po kelionės jį reikėjo atnaujinti. Tikėjau, kad vieną dieną Dievas viską sutvarkys ir aš gausiu pilietybę. Aš nusprendžiau visą dėmesį sutelkti į Dievą, laukdamas to ypatingo laiko, kai kartu su tikinčiaisiais kelioms dienoms pasinersim į bendravimą su Šventąja Dvasia ir tarnausime vieni kitiems. Taigi atsisveikinęs su šeima išvykau į oro uostą.

Atvykęs į Vokietiją praėjau muitinės kontrolę, mane pasitiko broliai ir mes nuskubėjom prie automobilio. Susėdę tuoj pat išvykome į kalnus, bendros maldos susirinkimo vietą. Dievas stebuklingai pasirūpino visomis šios kelionės detalėmis: bendruomenių pastoriams pavyko išsinuomoti gražų kompleksą toli nuo miesto šurmulio. Ten susirinko kelios bažnyčios, kurios buvo neseniai susikūrusios ir pradėjusios savo tarnystę. Jiems ypač reikėjo dvasinės paramos ir jie degte degė Dievu artumu, Jo pažinimo troškimu ir siekimu girdėti Jo balsą.

Kitos trys dienos pralėkė labai greitai ir buvo nepaprastai turiningos. Žmonės troško Dievo žodžio ir patyrė ypatingą Šventosios Dvasios prisilietimą. Meldžiausi už kiekvieną ir mačiau, kaip Dievas išlaisvino žmones nuo skausmo, gydydamas gilias dvasines žaizdas. Vieni puolė ant kelių ir verkė prieš Dievą, kiti imdavo juoktis – visa

KAS TAVE ČIA ĮLEIDO

tai įvyko vadovaujant Šventajai Dvasiai. Ji atnešė laisvę į visas sritis: į dvasią, sielą ir kūną. Mes matėme daug demoniškų apraiškų tarp žmonių, kurie neseniai atsivertė. Dievo šviesos akivaizdoje jokia tamsa negalėjo išstovėti. Buvo tokių, kurie pirmą kartą atėjo į tokį susibūrimą tiesiog tik pasižvalgyti. Taigi viena mergina atgailavo čia pat, ir kai meldėmės už ją, Dievas išvadavo ją nuo priklausomybės nikotinui. Prieš tai ji surūkydavo 20 cigarečių per dieną! Dievas ją išlaisvino akimirksniu. Mes meldėmės ir pildėmės dangaus gyvenimo. Viešpats daugelį krikštijo Šventąja Dvasia, todėl žmonės vienoje ar kitoje salės pusėje šaukė: „Aleliuja! Aleliuja!" ir pirmą kartą ėmė melstis dvasia. Šį susitikimą buvo galima palyginti tik su Dievo maudykle, į kurią Šventoji Dvasia panardino mus.

Pasibaigus tarnavimams, atsisveikinau su broliais ir išvykau į oro uostą – turėjau skristi namo į Ameriką. Atvykęs į oro uostą nuėjau į pasų kontrolę ir pateikiau dokumentus. Muitininkas atskleidė mano „mėlynąjį pasą", jo veidas iš karto persikreipė, ir jis su siaubu pažvelgė į mane. Tada jis kreipėsi į aukščiausiojo rango pareigūną, kažką pasakęs jam vokiškai. Po to visi jie ėmė kažką veikti ir nieko man nepaaiškinę liepė palaukti.

Muitinės pareigūnas išvyko su mano pasu, o kai grįžo, ilgai kažką tikrino kompiuteryje. Pakėlęs galvą jis paklausė:

– Kaip tu čia atsiradai??

Aš atsakiau:

– Na, aš skridau lėktuvu, kaip ir visi; praėjau muitinės kontrolę, pasiėmiau bagažą ir brolis mane pasitiko. Atskridau kelioms dienoms, o dabar turiu grįžti namo.

Išklausęs mano atsakymą, jis pasakė:

– Ne! Kas tave čia įleido? Kas tau leido įkelti koją į Vokietijos žemę?

Kiek įmanydamas stengiausi jam viską paaiškinti dar kartą, jis vėl kažkur kėlių, tada ei žiu su dviem pasieniečiais. Jie nusivedė mane į šoną ir pradėjo kruopščiai apieškoti ir tikrinti.

Jie buvo šokiruoti ir visiškai sutrikę. Pasirodo, kad skirtingose šalyse įvažiavimo dokumentams keliami skirtingi reikalavimai. Pavyzdžiui, Vokietijoje įstatymai draudžia įleisti asmenį į šalį, jei jo paso galiojimo laikas baigiasi po trijų mėnesių. Aš nežinojau šios taisyklės. Prieš išvykdamas patikrinau „mėlynąjį pasą", jo galiojimo laikas turėjo baigtis už nepilno mėnesio. Man nekilo net įtarimo, kad gali iškilti problemų. Dabar aišku, kodėl visi taip sunerimę: mane į šalį įleidęs pareigūnas neturėjo teisės to daryti – tai buvo rimtas jų įstatymų pažeidimas. Muitinės pareigūnas man paaiškino, kad jie šį įstatymą vykdo taip griežtai, kad mano situacijoje man buvo visiškai nerealu kirsti jų sieną. - *Taigi kaip tu čia atsidūrei?*

Aš pradėjau nerimauti, kad galiu pavėluoti į lėktuvą, o jie suglumę kartojo, kad buvo pažeisti šalies įstatymai ir aš neturėjau teisės ten būti... Žiūrėjau į juos su nuostaba, o jie į mane, kol galiausiai, kiek ilgiau mane palaikę,

KAS TAVE ČIA ĮLEIDO

jie vis dėl to išleido mane atgal į Ameriką.

Lėktuve ilgai mąsčiau apie tai, kas nutiko: juk jei būčiau skridęs į Vokietiją, žinodamas įstatymą, bandyčiau Dievą, melsdamas stebuklo. Aš nežinojau, todėl Dievas pasigailėjo manęs ir apreiškė Savo didybę, parodydamas šį stebuklą: Jis įleido mane į šalį, kad galėčiau tarnauti ir įvykdyti Jo valią.

Žinote, kai pasieniečiai vis dar mane tikrino ir aiškino savo įstatymus, tą akimirką pajutau Dievo buvimą ir Dievo Dvasia atvėrė mano akis suprasti, kas vyksta. Išgirdau Jo balsą: *„Sūnau, aš Pats uždengiau akis pasieniečiui, kai tu atvykai. Aš siunčiau tave čia ir Pats pravedžiau tave per sieną už rankos, kad galėtum įgyvendinti Mano valią ir Mano norus šioje šalyje. Aš turiu Savo Ypatingą tikslą šioms bažnyčioms, kurioms tu tarnavai."* Išgirdęs tuos žodžius aš aukštinau Dievą: Jis yra aukščiau visko! Stovėjau prieš Jį reikšdamas Jam didžiulę pagarbą: mano akyse Jis padarė stebuklą.

Kuo daugiau pažįstame Dievą ir suprantame dangaus tikrovę, tuo mažiau turime baimės, streso ir rūpesčių. Mano situacijoje Dievas nesijaudino, Jis įsikišo į fizinį pasaulį ir aš mačiau kitą realybę – dvasios pasaulį, kuriame nėra jokių apribojimų. Dvasinis pasaulis yra daug tikresnis nei mūsų fizinis. Todėl noriu paraginti jus siekti atviro dangaus savo gyvenime, Dievo stebuklų ir paties Dievo, kurio vardas STEBUKLUS DARANTIS.

Kai Jis daro stebuklą, Jis mums atskleidžia kitą dimensiją – Savo tikrovę, tikrąjį dangaus pasaulį. Jėzus kartą pasakė: „**Nuo šiol** regėsite atsivėrusį dangų." Nuo tos akimirkos **niekas neuždarė dangaus**! Kiekvienas iš mūsų turime priėjimą prie tos pačios dangaus tikrovės, kurioje vaikščiojo pats Jėzus. Prisiminkite istoriją, kai audra blaškė valtį, o Jis miegojo. Ten, kur buvo Jo dvasia, šių audrų nebuvo. Jie pažadino Jį ir paklausė: „*Ar tu nematai, kad mes žūstame?*" O Jėzus atsakė: „*Aš tikrai nematau. Aš matau ką kita*", – ir tarė audrai: „*Nutilk, nusiramink!*" (Mk 4, 38–39)

Audra – tai mūsų žemiškos aplinkybės, kurios yra faktas, bet ne tiesa. Tiesa – tai dangaus matmuo ir tikrovė, kurioje gyvena Dievas. Tiesą atskleidžia Šventoji Dvasia. Suvokite, kad dabar esame pasodinti Jėzuje danguje – tokia yra mūsų pozicija Dievo tikrovėje. Tačiau turime išmokti vaikščioti Jėzuje, gyventi iš „viršaus į apačią", po atviru dangumi, kad nematoma taptų regima.

Visa Apaštalų darbų knyga yra prisotinta Šventosios Dvasios galios demonstravimo. Pradžioje, nužengus Dievo Dvasiai, mokiniai priėmė Jo jėgą ir tapo Dievo pasiuntiniais žemėje. Jie buvo vedami Šventosios Dvasios, jie tarnavo Dvasios dovanomis ir gyveno dangaus tikrovėje. Pirmosios bažnyčios gyvenimas pasižymėjo tam tikrais bruožais: jie mokė, meldėsi, pasninkaudavo, aukodavosi, turėjo bendravimą su Šventąja Dvasia, o antgamtiškumas buvo natūralus jų gyvenimo reiškinys. Išstudijuokite tikrovę, kurioje gyveno Jėzaus Kristaus apaštalai.

10-ajame Apaštalų darbų knygos skyriuje parašyta apie Petrą: „*Petras užlipo ant plokščiastogio pasimelsti.*

KAS TAVE ČIA ĮLEIDO

Buvo apie šeštą valandą. Jis pasijuto išalkęs ir norėjo užkąsti. Kol jam buvo tiekiamas valgis, jį ištiko dvasios pagava..." Ar žinote, ką reiškia „pagava"? Tai graikų kalbos žodis „extasis" (*ekstazė*), kuris pažodžiui verčiamas kaip „peržengiant kažko ribas, būseną už kūno ribų, „stovint virš savęs", kitaip tariant, tai yra *transas ar ekstazė*.

Išgirdę žodį transas, iškart sunerimstame, manydami, kad tai tik iš velnio. Išties mes siejame šį žodį su okultinių praktikų gausybe: joga, „New Age" judėjimu, spiritizmu ir kitomis praktikomis, kuriose naudojami tie patys dvasiniai principai. Mes bijome žodžių „pagava" ar „transas" dėl to, kad šiandien šioje srityje yra tiek daug nesusipratimų ir klastočių.

Aš to taip pat bijojau ir nežinojau, kas tai, tuo labiau to neieškojau, bet kartą Dievo Dvasia mane nuvedė giliau į žodį, atverdama dvasinio pasaulio panoramą. *Pagava* ar *transas* yra tikra patirtis, kai peržengi fizinės tikrovės ribas, patenki į dvasinį pasaulį, **bet** tik vadovaujant Šventajai Dvasiai! Ištisus metus ilgą laiką patirdavau įvairiausių pagavų *(daugybę šių patirčių rasite aprašytų mano knygoje „Pašauktas".)* Ilgą laiką apie šias patirtis niekam nepasakojau. Žinojau, kad daugelis manęs nesupras, nes jie neskaitė Biblijos ir jos netyrinėjo, o ji juk pilna antgamtiškumo.

Manau, kad mums taip reikia pažinti Dievo tikrovę ir turėti gilų bei tvirtą Dievo žodžio pagrindą – ir tai apreiškia Šventoji Dvasia! Daug kartų išgyvenau būseną, kai fiziškai buvau labai pavargęs, bet leidau laiką su Dievu ir skaičiau Šventąjį Raštą, o jei Šventoji Dvasia man apreikšdavo bent vieną žodį, nežinau kokiu būdu, bet viskas atgydavo manyje, iš kažkur atsirasdavo vidinių jėgų ir aš pamiršdavau miegą, nuovargį ir godžiai skaičiau. Kartais, kai ateidavo apreiškimas, negalėdavau paaiškinti, kas su manimi vyksta – tiesiog ištisą naktį vaikščiodavau po kambarį su Biblija rankose, o protas sproginėdavo nuo Dievo pasaulio tikrovės supratimo. Juk **apreiškimas – tai ne kažkas naujo – tai tiesa iš dangaus, tai yra vartai iš fizinės dimensijos į Dievą.** Kai kurie tai vadina apreiškimu iš aukščiau, o Dievas tai vadina Savo tikrove, kuri atskleidžiama per Šventąją Dvasią.

Taigi kai Petras buvo pagavoje, jis pamatė atvirą dangų ir Dievo regėjimą... Apreiškimas, kurį jis gavo iš aukšto, taip pakeitė jo mąstymą, kad jis nuėjo pas pagonis. Tai buvo ne tik pagava, bet ir kvietimas į Dievo tikrovę – pamatyti Jo akimis. Esu tikras, kad Petras nuolat išgyveno tokias akimirkas, todėl dvasinis pasaulis jam nebuvo kažkoks tolimas ir nerealus – jis tuo gyveno.

Pažvelkite toliau, kas rašoma 12 skyriuje: *paskutinę naktį prieš Erodui išduodant Petrą, tasai, supančiotas dviem grandinėmis, miegojo tarp dviejų kareivių.* Taip atrodo jo fizinė realybė: tiesa bylojo, kad jo laukia mirtis – padėtis be išeities. Tik pagalvokit, jei Petras nebūtų matęs kitos realybės, jis neįstengtų užmigti, žinodamas, kad rytojaus dieną jam bus įvykdyta mirties bausmė. Bet Petro dvasia buvo toje vietoje, kur viešpatauja ramybė! Kada kalėjimą nutvieskė ryški šviesa, apaštalo Petro tai nepaveikė, jis ir toliau miegojo. Bandau įsivaizduoti šį vaizdą: įsiplieskia ryški šviesa, angelas stovi ir laukia, o Petras miega kaip negyvas. Angelui teko trinktelėti Petrui į šoną, kad šis atsibustų: „Kelkis greičiau". Ir grandinės nukrito nuo Petro rankų. Angelas kalbėjo toliau: „Susijuosk ir apsiauk sandalus!" Jis taip ir padarė. Angelas tęsė: „Užsimesk apsiaustą ir eik paskui mane!" Išėjęs Petras sekė paskui jį. Šitaip jiedu praėjo pro pirmą ir antrą sargybą ir prisiartino prie geležinių vartų į miestą. Vartai savaime atsidarė – Dievo tikrovė įsibrovė į žemės teritoriją. Būtent toks buvo tikrasis dangaus žvilgsnis į visą situaciją...

Esu įsitikinęs, kad antgamtiškumas nuolat lydėjo Petro gyvenimą. Jam buvo taip įprasta išgyventi pagavą, kad jis nebeatskirdavo realaus nuo antgamtiško. Kai Angelas jį išvedė, Petras buvo tikras, kad tai dar viena pagava. Jis ėjo nebesuvokdamas, kad viskas vyksta fiziniame pasaulyje.

Pažvelkite, kas nutiko toliau: jie nuėjo viena gatve, ir staiga Angelas pasišalino. – *Na, Petrai, o dabar toliau eik pats!* Kita frazė yra tiesiog nuostabi: *Petras* **atsipeikėjęs** *tarė: „Dabar tikrai žinau, kad Viešpats atsiuntė savo angelą ir išvadavo mane iš Erodo rankų ir žydų minios kėslų.* Pagaliau! Jis atsipeikėjęs **apsidairė**, ir galiausiai suvokė, kad tai ne dar vienas regėjimas, o tikrovė.

Šiuolaikinėje krikščionybėje antgamtiškumas tapo retenybe, kažkas išvydo vos pusę regėjimo – puola rašyti knygas, visiems pasakoja, rodosi geriausiuose televizijos kanaluose, nes pamatė angelo sparną. Apaštalams tai buvo natūralus jų gyvenimo būdas! Pabandykite pasakyti, kad turėjote pagavą arba kad Dievas jus paėmė ir perkėlė į kitą šalį išspręsti tam tikrą situaciją, ir po to jus sugrąžino – to jie nepratę girdėti. Už tai gali net atskirti ar atiduoti anafemai patys „progresyviausi charizmatai". O pirmosios bažnyčios kasdienybė Šventojoje Dvasioje buvo būtent tokia.

Šiandien nebemokoma apie stebuklus ir apie juos nekalbama, todėl daugelis nustojo tikėti ir matyti juos savo gyvenime. Mūsų priėjimą prie Dievo gelmės atveria Šventoji Dvasia – Jame yra Dievo karalystė, dangaus tikrovė, Jame nėra pralaimėjimų, Jame – visa Jėzaus pergalė. Aš tikiu, kad kiekvienas iš mūsų yra pašauktas būti Naujojo Testamento tarnautojais, ne pagal raidę, bet pagal dvasią. Todėl turime susijungti su Šventąja Dvasia ir pažinti Stebuklingąjį Dievą, kad Dievo realybė taptų mūsų realybe. Nebijokite gilintis ir pažinti Dievo realybę, turime išmokti gyventi iš „viršaus į apačią", tarnauti su Šventąja Dvasia, būti dangaus evangelistais ir atnešti dangų į šią žemę.

3 SKYRIUS

TRENK JAM!

Niekas niekada neregėjo Dievo, bet susidūręs su Jo stebuklais tu pradedi patirti Jo prigimtį ir išgyveni Jį tikrą. Turėtume būti dėmesingi Dievo veiksmams ir Jo balsui, kad tiksliai atliktume tai, ką mums liepia Šventoji Dvasia. Kartais Dievas kalba labai neįprastais būdais ir prašo jūsų padaryti tai, kas gali pasirodyti labai keistai arba viršyti jūsų jėgas. Maža to, kartais mus tai gąsdina, nes tai mums nauja, ne visai suprantama, nepaaiškinama, pranašiška...

Savo gyvenime supratau, kad gauti žodį iš Dievo – nesunku, – sunku išlaikyti šį žodį, nes aplink tave pradeda skambėti daugybė kitų balsų, kurie reikalauja tavo dėmesio, atsiranda daug kitų variantų. Leiskite man dar kartą pakartoti: sunku ne išgirsti, bet išlikti šiam žodžiui ištikimam iki galo, vykdant tai, ką Dievas jums liepė. Kiekvieną kartą, kai Dievas jums atskleidžia ką nors naujo, turite investuoti į tai tikėjimą.

Dievas nori atnešti Savo tikrovę į žemę, tačiau dažnai neatsiranda žmogaus, per kurį Jis galėtų tai padaryti. Jėzus pasakė: „*Turėk Tikėjimą Dievu.*" Šis tikėjimas kalba apie neegzistuojantį kaip apie esamą. (Mk 11,23) Kitaip tariant, Dievo tikėjimas mato Dievo tikrovę ir fiziniame pasaulyje gali pradėti tai, kas jau egzistuoja dvasiniame pasaulyje. Tikėjimas visada yra rizika, nes nepaisant viso regimo, tu pradedi daryti tai, kas patinka Dievui. Iš patirties pridursiu – tai pareikalaus viso tavęs. Viena iš tikėjimo žodžio prasmių, išvertus iš hebrajų kalbos, yra paklusnumas. Šios dvi sąvokos yra neatsiejamos – **tikėjimas Dievu ir paklusnumas Dievui**. Prisimink, kai šimtininkas pakluso Jėzaus žodžiui, jo paklusnumą Jėzus pavadino TIKĖJIMU! (Mt 8,13)

Savo santykiuose su Dievu Jo balsą aš laikau prioritetu. O kartais tenka laikyti labai nepaprastus egzaminus! Tokie momentai tikrai keičia mano mąstymą ir perkelia mano santykius su Dievu į naują lygį.

Pamenu, kartą su savo komanda išsiruošėm į Meksiką pravesti išgydymo tarnavimą. Ten susirinko daugybė žmonių. Pamokslavau apie moterį, kuri kraujavo 12 metų. Išgirdusi apie Jėzų, ši negaluojanti moteris veržėsi per minią, kad Jį paliestų. Ji buvo išgydyta vos prisilietusi prie Dievo malonės ir Jo dovanos; Šis stebuklas įvyko dėl jos tikėjimo Dievu... Viduryje mano pamokslo – man dar

TRENK JAM!

nepradėjus aiškinti gilių dvasinių tiesų – staiga iš salės vidurio atsistojo moteris su vaiku ant rankų ir per visą minią ėmė eiti link scenos. Ji priėjo prie manęs ašarodama ir pradėjo kažką pasakoti.

Nustojau pamokslauti ir pažvelgiau į savo vertėją pastorių Deividą. Jis paaiškino:

– Ši moteris jaučia, kad Jėzus dabar yra šioje vietoje ir Jis gali išgydyti jos dukterį. Ji klausia, ar gali pasimelsti už jos mergaitę.

Atsakiau kaip įprastai:

– Mes tikrai pasimelsime tarnavimo pabaigoje, kai pabaigsiu pamokslauti.

– Bičiuliai, – kreipiausi į visą salę, – pabaigoje melsimės už visus žmones, kuriems reikia maldos!

– Ne!!! Aš negaliu laukti tarnavimo pabaigos, aš stipriai jaučiu Dievą! Jis yra čia ir dabar gali išgydyti mano dukrą, – tvirtino moteris.

Viskas vyko tarnavimo metu. Aš visada atsakingai elgiuosi, kai skelbiamas žodis, nes tuo metu pats Dievas mums kalba. Turime būti dėmesingi, kad pasimokytume iš Jo. O ši moteris nutraukė mano pamokslą ir visą tarnavimo eigą. Taigi pabandžiau dar kartą jai paaiškinti, kad melsimės po pamokslo, bet ji tiesiog manęs negirdėjo. Ji verkė ir maldavo, kad melsčiausi už jos dukrą.

Tai buvo tokia nepatogi situacija! Staiga pagalvojau:

„O jei tai tik mano išsigalvojimai? O gal tik man čia norėjosi užbaigti pamokslą? Gal Šventoji Dvasia jau baigė pamokslą ir... yra pasirengusi veikti... paprasčiausiai todėl, kad labai myli šiuos žmones." Net sutrikau šiek tiek, tada pažvelgiau į vaiką: tai buvo ne daugiau nei dvejų metukų mergaitė. Iš pirmo žvilgsnio vaikas atrodė gana sveikas. Ir aš pagalvojau: „Jai tikriausiai tiesiog skauda pilvuką." Tada paklausiau, už ką tiksliai melstis. Moteris atsakė, kad kūdikio ranka nuo pat gimimo buvo visiškai paralyžiuota: raumenys nedirba, ji jos nejaučia, ji negali jos pajudinti (atrodo, kad paralyžius nuo gimimo). Aš pažvelgiau dar kartą: iš tiesų, mažylės ranka pasyviai kabojo.

Visi salėje buvę žmonės sustingo stebėdami mano reakciją į viską, kas įvyko. Prisipažinsiu atvirai, man buvo sunku, nesitikėjau tokio posūkio. Be to, tą akimirką aš nejaučiau nei patepimo, nei ypatingo tikėjimo stebuklu; gal todėl, kad pamokslo metu buvau pertrauktas ir viskas įvyko spontaniškai, netikėtai. Įprastai aš nusiteikiu maldai už žmones pabaigoje tarnavimo bet panašu, kad Šventoji Dvasia turėjo kitų planų. Jis yra mano gyvenimo ir tarnystės Viešpats, todėl ne man spręsti, kada Dievui veikti.

Aš paprašiau visų žmonių atsistoti ir kartu su manimi melstis su už mergaitę. Uždėjęs rankas ant vaiko ėmiau cituoti Jėzaus žodžius: „*Kurie įtikės, tuos lydės ženklai: mano vardu jie išvarinės demonus, kalbės naujomis kalbomis... jie dės rankas ant ligonių, ir tie pasveiks.*" (Mk 16,17-18) Tada stipriai užsimerkiau ir toliau tęsiau maldą: „Dieve, tai Tavo žodis, aš visą situaciją

TRENK JAM!

pavedu Tavo žodžiui ir, prašau, paliesk šį vaiką." Po to aš pradėjau įsakinėti atsistatyti raumenims, sąnariams, nervų galūnėms, o rankai – tapti sveikai. Tuo metu nesirėmiau savo jausmais ar nuotaika – tik Dievo žodžiu! Vis dar meldžiausi, kai staiga salėje pasigirdo kažkoks sujudimas. Aš atmerkiau akis: aplink šurmulys, žmonės kažką šaukia ir mojuoja rankomis. Tada pažvelgiau į savo vertėją – jis stovėjo ir šypsojosi. Panašu, kad aš vienintelis negalėjau suprasti, kas vyksta. Deividas tarė: *„Ar nematai? Pažvelk į mergaitę!"* Ir tada pastebėjau, kad ranka, kuri buvo paralyžiuota ir nejudėjo, nebekabo. Staiga maldos metu mažylė pakėlė ranką ir apkabino mamą!

Akimirksniu atmosfera pasikeitė: tarsi dangus būtų įsiveržęs į tą salę, oras prisipildė Dievo jėgos. Viešpats taip smarkiai nužengė Savo didybe, kad nė vienas iš susirinkusiųjų neįstengė tylėti: žmonės šokinėjo iš džiaugsmo, plojo Dievui ir šaukė: „Aleliuja!" Viešpats pakeitė tarnavimo eigą, kad padarytų šį stebuklą. Džiaugiausi kartu su jais ir nebesigailėjau, kad buvo nutrauktas mano pamokslas.

Beje, tų žmonių kultūroje nėra įprasta nutraukti tarnavimus. Tačiau pamokslo metu moteris taip įsitvirtino tikėjime, kad pamatė kažką daugiau nei tik eilinį pamokslininką. Ji pamatė Dievo dovaną, Dievo atsakymą, todėl tikėjo kiekvienu mano pasakytu žodžiu. Deja, daugelis žmonių tiesiog klausosi žodžio kaip informacijos ir galiausiai tai jų nekeičia. Ši mama taip tikėjo Dievu, kad, nepaisydama tarnavimo tvarkos ir žmonių nuomonės,

DIDELIS DIEVAS

atsikėlė ir išėjo į priekį. Aš žaviuosi kai kurių žmonių tikėjimu. Net Jėzų stebino du dalykai: tikėjimo dydis ir netikėjimo dydis. Tik pagalvok: **tikėjimu tu tikrai gali įtikti Dievui ir net nustebinti Jį!**

Taigi supratau, kad nebetęsiu pamokslo, o ir toliau tarnavimas vyks ne nebe taip, kaip planavome. Iš tikrųjų turime laikytis ne tradicijų, ne žmonių nuostatų, bet Dievo balso. Susirinkimuose privalome atiduoti vietą Šventosios Dvasios veikimui. Visi, kurie ieško Dievo, susidurs su kažkuo nauja. Tai reiškia, kad kiekvieną dieną turime Jo klausytis ir sutelkti dėmesį į Jį, kad Jis mus nukreiptų. Tarnavime Dievui, be abejo, gali būti tam tikrų formų ir metodų, tačiau nereikia riboti Dievo jokiais rėmais. Laikui bėgant ir Dievui paliepus daug kas keisis: tarnavimų formatai, sezonai, programos, metodai... nepamirškite, kad svarbiausia yra ne tai. Svarbiausia – **Šventosios Dvasios tarnavimas!**

Pajutau, kad atėjo laikas melstis už žmones. Staiga šioje Dievo šlovės atmosferoje pastebėjau pagyvenusį vyrą, kuris išėjo iš minios ir lėtai, bet tikslingai judėjo tiesiai manęs link. Jis ėjo kaip robotas: nesulenkdamas nei rankų, nei kojų. Senolis tiesiogine to žodžio prasme tempė kūną. Artindamasis prie scenos, jis ištiesė ranką ir pirštais gestikuliavo, prašydamas melstis už jį. Vertėjo pradėjau klausinėti, kas jam nutiko. Pasirodo, kad po avarijos vyras buvo dalinai paralyžiuotas. Jis taip pat tikėjo, kad Dievas galingas jį išgydyti.

Tą akimirką turėjau tvirtą tikėjimą ir jaučiau Dievo patepimą, todėl iš karto atsakiau: *„Žinoma, pasimelsime,* *jokių problemų."* Kai tik ketinau uždėti ant jo rankas, staiga tarsi atsivėrė kita dimensija ir dingo matomos sienos. Tada išgirdau aiškų Šventosios Dvasios balsą: *„Nedėk rankų!"* Sustingau, o paskui išgirdau tą patį balsą: *„Tiesiog trenk jam į kaktą."*

Ką? Argi Dievas galėjo tai pasakyti? Tai buvo taip netikėta, kad mano galvoj ėmė suktis įvairiausios mintys ir aš savo viduje tariau: „Šalin nuo manęs, šėtone!" Negalėjau patikėti, jog Dievas liepia smogti senam paralyžiuotam vyrui. Argi ne keista? Vėl norėjau uždėti ant jo rankas ir melstis, bet apmiriau, išgirdęs Dievo balsą: *„Nedėk ant jo rankų! Tu pažadėjai Man, kad būsi atidus Mano balsui. Tiesiog trenk jam."*

Supratau, kad iš tikrųjų Dievas būtent to nori iš manęs. Todėl giliai įkvėpęs prabilau į visus žmones: *„Tai, ką išgirsite, gali nuskambėti labai keistai, bet aš turiu Dievui paklusti, o ne žmonių nuomonei. Noriu paklusti Šventosios Dvasios balsui. Dievas man tiesiog liepė smogti šiam vyrui."* Iš pradžių visi atidžiai klausėsi, o paskui pratrūko garsiai juoktis. Rimtai, visi leipo juokais, visi – išskyrus mane ir senolį. Jis nesijuokė, nes juk turėjo laukti smūgio.

Kelias sekundes jis stovėjo svarstydamas, o tada šyptelėjo ir ėmė rodyti pirštu: *„ateik ir trenk."* Taigi gavau jo leidimą. Salė nuščiuvo laukdama, kas bus. Senolis taip pat laukė, kol pradėsiu veikti. Aš stovėjau ir galvojau: *„Kaip jam trenkti? Iš dešinės ar kairės?"* Staiga Šventoji Dvasia prabilo: *„Smūgiuok tiesiai!"* Aš, nė nemirktelėjęs, užsimojęs droksktelėjau tiesiai į kaktą. Bičiuliai, tai buvo tokia nemaloni scena, nes mūsų broliai nespėjo jo pagauti. Senolis vožėsi ant grindų, ir visi girdėjo, kaip garsiai trinktelėjo jo galva. Panašu, kad po kritimo jis nustojo kvėpuoti. Man akyse aptemo. Stojo tokia tyla, o aš jaučiausi siaubingai. Visi laukė, kas bus toliau...

Dieve mano, ką aš padariau? O jeigu jis mirė? Man galas. O gal Dievas norėjo jį tokiu būdu pasiimti į dangų? Galvoje lakstė visokios mintys. Staiga prieš akis praskriejo visas gyvenimas, pradedant ankstyva vaikyste, net prisiminiau mamą. Tuo metu aš jau ruošiausi paėmimui. Taip, stojausi ant pirštų galiukų melsdamas: *„Dieve! Ateik dabar ir paimk mane iš čia! Nebenoriu būti šioje situacijoje. Aš dabar jau pasiruošęs dangui. Štai aš, paimk mane."* O senukas gulėjo priešais mane kaip miręs.

Prisimindamas tą akimirką visada prašau: *„Dieve mano, išlaisvink mus nuo netikėjimo ir baimės, kad galėtume paklusti Tau visu savo gyvenimu."* Paklusdami tam, ką jums liepia Dievas, jūs tampate auka, mirštate žmonių nuomonei, savo autoritetui ir visiškai atsiduodate į Viešpaties rankas. Mano atveju, būtent toks metodas pareikalavo mano mirties, kad įtikčiau Dievui! Esmė visiškai nėra metodas, **esmė yra paklusnumas Jo balsui**.

Kai Jėzus buvo žemėje, Jis taip pat elgėsi įvairiai. Įsivaizduokite, kartą, kad pagydytų akląjį, Jėzus spjovė į žemę, iš purvo padarė tepinėlį ir patepė aklojo akis. Ne, bet ar tai gali būti krikščioniška? Įsivaizduoju religingų žmonių pasipiktinimą: „Ar nebūtų galima tiesiog uždėti rankas ir melstis?" Būtų galima, bet būtent už paklusnumą Dievui laukia didelis atlygis!

TRENK JAM!

Aš ir toliau spoksojau į šį senuką, o kiekviena sekundė slinko tarsi amžinybė. Praėjo kelios minutės, jis vis dar gulėjo ir nejudėjo, po dar kelių slegiančių minučių – jis atsimerkė. O kokia laimė! Jis nusišypsojo, ir aš pradėjau šypsotis su juo. O kiti jo veiksmai buvo labai juokingi: senukas pakėlė rankas ir kojas ir ėmė jas sukti, tarsi mindamas dviračiu. Po kurio laiko mes jam padėjome pakilti. Tada jis užlipo ant scenos ir pradėjo bėgioti pirmyn atgal. Jo niekas negalėjo sustabdyti! Iš džiaugsmo viską mečiau ir ėmiau bėgti paskui jį. Jis bėgo iš džiaugsmo, kad Dievas padarė stebuklą, o aš – iš laimės, kad Dievas mane išgelbėjo iš šios situacijos. Tuo metu būtent tokiu būdu šlovinome Didingąjį, Didįjį, Visagalį Dievą, kuris yra karalių Karalius ir viešpačių Viešpats.

Noriu atiduoti visą šlovę Jėzui! Iš tikrųjų aš esu tik Andrejus, bet visą gyvenimą stengiuosi padaryti viską, kad Dievas galėtų veikti per mane ir vesti žmones į pažadų išsipildymą. Noriu padėti žmonėms patirti Dievą, noriu išdalinti save žmonėms per man duotas dovanas, nors suprantu, kad ne visi yra atviri ir ne visi tai priima. Supratau, kad **didžiausia laisvė tarnystėje yra laisvė nuo žmonių nuomonės.** Todėl nuolatos esu sukoncentravęs savo dėmesį į Dievą, norėdamas Jam įtikti. Man už viską svarbesnė Jo nuomonė: kaip Jis mato mane, kaip mato šį laiką, į ką nukreiptas dabar yra Jo dėmesys, ką Jis nori daryti dabar...

Bičiuliai, mes turime užmegzti tokius santykius su Dievu, kad gebėtume išgirsti Jo balsą ir paklusti Jo viešpatavimui. Ne žodžiai: „Viešpatie, Viešpatie", paverčia Jį tavo gyvenimo valdovu, bet tavo požiūris į Jo žodį, visiškas paklusnumas ir tikėjimas Juo. Juk niekas nesiginčija su karaliaus ištartu žodžiu, niekas neanalizuoja – Jo žodis vykdomas. Kai tu atiduodi kiekvieną gyvenimo sritį Jo viešpatavimui, ateina Jo šlovė. Iš visos širdies tikiu, kad gyvendami šiame pasaulyje, bet būdami ne iš šio pasaulio, esame Jame pasodinti *danguje*. *Nebe aš gyvenu, bet manyje gyvena Kristus,* ir tai, kas vyko apaštalų laikais, vyks ir mūsų kartoje. Vis labiau to siekiu...

4 SKYRIUS
TAI NEĮMANOMA

Pamenu, kartą man paskambino mano labai gerbiamas pastorius. Jis pasiūlė kartu su juo surengti konferenciją Latvijos sostinėje Rygoje. Buvo tikimasi, kad šioje konferencijoje dalyvaus daugybė vietinių bažnyčių, taip pat svečiai iš kitų miestų ir artimiausių šalių. Man buvo didelė garbė priimti šį pastoriaus kvietimą.

Mes vis dar kalbėjomės su juo, kai staiga pagavau save galvojant: *„Kaip tai įmanoma, jei mano dokumentų galiojimo laikas jau yra pasibaigęs?"* Pradėjau skaičiuoti, kiek laiko užims visų blankų užpildymas ir išsiaiškinau, kad nuo sausio iki kovo vidurio – konferencijos datos – turiu daugiau nei pakankamai laiko. Mano širdyje buvo ramybė, todėl atsakiau: *„Žinoma, su džiaugsmu skrisiu ir tarnausiu kartu su tavimi."* Taigi daviau sutikimą ir buvau paskirtas vienu iš pagrindinių konferencijos pranešėjų.

Iškart po šio skambučio ėmiausi rūpintis pasu, nes nuolat turėjau kažkokių keblumų ir problemų su dokumentais. Praėjus 10 metų nuo mano persikėlimo į Jungtines Valstijas, aš vis dar negalėjau gauti leidimo gyventi – tik todėl, kad buvau pametęs savo skiepų kortelę. Todėl vienintelis įmanomas būdas nuskristi į kitą šalį ir grįžti, buvo su atvykimo dokumentu arba „mėlynuoju pasu", kaip mes jį vadiname. Turėdamas Ukrainos pasą, galėjau išskristi iš šalies, o turėdamas „mėlyną" pasą turėjau teisę grįžti atgal į Ameriką. Gauti „mėlynąjį pasą" buvo brangu ir jis buvo išduodamas tik vieneriems metams.

Tą pačią dieną aš užpildžiau visus reikiamus dokumentus, kad gaučiau „mėlynąjį pasą", pridėjau apmokėjimo kvitą ir išsiunčiau siuntinį į Vašingtono imigracijos centrą. Apiforminimo procesas paprastai trunka šiek tiek daugiau nei mėnesį. Imigracijos centro svetainėje galėjome sekti, kuriame etape buvo mano dokumentai. Kai procesas perėjo į trečiąjį etapą, tai reiškė, kad per savaitę „mėlynasis pasas" bus išsiųstas paštu.

Tada pradėjau tvarkytis ukrainietišką pasą. Mūsų Sakramento mieste veikė slavų centras, kuris pagal gyvenamąją vietą tvarkė ukrainietiškus pasus. Aš kreipiausi į juos, užpildžiau visus dokumentus, sumokėjau už paslaugas, o jie išsiuntė mano dokumentus Ukrainos ambasadai San Franciske. Mėnesio bėgyje naujas ukrainietiškas pasas turėjo būti pristatytas paštu.

Be kita ko, šiai kelionei reikėjo vizos į Latviją. Vizų tvarkymas trunka dar dvi savaites, ją galima įdėti tiesiai į

TAI NEĮMANOMA

ukrainietišką pasą, tačiau paso dar nebuvo. Taigi aš tiesiog turėjau palaukti.

Bėgo laikas, kartas nuo karto man paskambindavo mane pakvietusio pastoriaus darbuotojai, jie dalijosi konferencijos rengimo detalėmis. Ir kažkodėl jie kaskart klausdavo ar viskas gerai su mano kelionės dokumentais. Atsakydavau tikėdamas ir drąsiai, kad viskas tvarkoje, aš pasiruošęs skristi. Todėl jie su Rygos vietine bažnyčia pradėjo konferencijos reklamą ir įtraukė į ją mano vardą. Informacija apie šią konferenciją pasklido greitai, daugelis bažnyčių buvo numačiusios dalyvauti, todėl ruošėsi šiam įvykiui.

Vienintelis, kuris dėl to šiek tiek jaudinosi, buvau aš! Aš daviau sutikimą, kad būtų paskelbta reklama su mano vardu, bažnyčios ruošėsi, artėjo laikas, o dėl mano dokumentų nebuvo jokio aiškumo. Kiekvieną dieną internete su žmona tikrindavome, kur yra „mėlynasis pasas" ir kiekvieną kartą svetainėje rodydavo, kad pasas vis dar yra pirmame etape.

Ir dabar iki konferencijos buvo likusios trys savaitės, o su mano dokumentais dar niekas nebuvo aišku... Dar kartą paskambino pastoriaus komanda ir pranešė, kad laikas užsisakyti bilietus. Jie keletą kartų manęs paklausė, ar viskas tvarkoje su dokumentais. Eilinį kartą patikinau, kad viskas gerai, netrukus užsisakysiu bilietus.

Kai iki išvykimo liko dvi savaitės, aš vis dar neturėjau nei „mėlyno paso", nei ukrainietiško. Be viso to dar

DIDELIS DIEVAS

reikėjo gauti ir vizą į Latviją, o tai dar papildomos dvi savaitės. Aš pradėjau atkakliai melstis Dievui, kad Jis įsikištų ir manęs pasigailėtų... Jaučiau didžiulį spaudimą ir vis labiau nerimavau dėl visos šios situacijos. *O kas, jei dokumentai neatvyks? Ką aš darysiu? Gal paskambinti ir atšaukti kelionę? Pasakyti, kad negaliu išskristi, nes dokumentai nesutvarkyti?* Jūs neįsivaizduojate, kaip man buvo gėda ir nepatogu. Ką jie man atsakytų? *„Kodėl nepasakei anksčiau!? Mes nebūtume įtraukę tavęs į programą, nebūtume skleidę reklamos ir būtume viską planavę kitaip."* Supratau, kad tikrai pavedžiau pastorių, jo komandą, žmones ir bažnyčias, kurios mūsų laukė.

Vieną rytą po eilinio skambučio iš biuro, suskaičiavau, kad iki konferencijos liko šiek tiek daugiau nei savaitė. Aš dar kartą patikrinau „mėlyno paso" būseną – vis dar pirmame etape. Tikrai nesupratau, kodėl iki šiol niekas nepajudėjo tvarkant dokumentus. Mano viduje kilo stipri kova, negalėjau nei valgyti, nei miegoti, ir kiekvieną minutę tik ir galvojau, ką daryti, ir tai išsunkdavo visas jėgas. Aš daug meldžiausi, bet nesulaukiau jokio atsako iš Dievo. Atsimenu tą rytą Natalija paskambino man iš darbo ir tarė: *„Andrejau, aš galvoju: ar mes viską padarėme, ką galėjome iš savo pusės?"* Mes pradėjome svarstyti ir ji pasakė: *„O ką, jei tu nuvažiuotumei tiesiai į Ukrainos ambasadą San Franciske? Gal yra galimybė skubiai registruotis ir už papildomą mokestį pagreitinti procesą? Išbandykime visas galimybes!"* Ji buvo teisi, nes tikėjimas be darbų yra miręs. Aš pasakiau savyje: *„Dieve, aš padarysiu viską, kas nuo manęs priklauso..."*

TAI NEĮMANOMA

Taigi susiruošiau ir su pusbroliu kartu išvykome į San Franciską. Kelionė truko kelias valandas ir mes visą tą laiką meldėmės, kad Viešpats padarytų stebuklą. Mums ten atvykus paaiškėjo, kad iki ambasados uždarymo liko pusvalandis. Aš tiesiogine prasme nuskriejau į jų biurą ir kreipiausi pagalbos į pirmą pasitaikiusį darbuotoją. Aš jam paaiškinau situaciją, kad praėjo du mėnesiai, bet paso taip ir nesulaukiau. Jis ramiai išklausė mane, surinko informaciją ir nuėjo tikrinti. Netrukus šis vaikinas grįžo su didžiuliu ir storu segtuvu rankose. Tada jis paaiškino:

– Galite pasakyti ačiū savo slavų centrui! Jie taupo pinigus jūsų sąskaita, todėl siunčia ne kiekvieną pasą atskirai, o surenka 20-30 pasų, prie jų prideda kitus dokumentus ir atsiunčia mums šį kalną popierių. Kai tokia pakuotė atkeliauja į ambasadą, mes jos net neatidarome. Mūsų nedžiugina, tai ką daro šis slavų centras...

Oho! Pasirodo, kad niekas visiškai netvarkė mano dokumentų! Viltingai paklausiau:

– Ar įmanoma šioje situacijoje ką nors padaryti? Ar galima paspartinti pasų išdavimą už papildomą mokestį?

Jis pažvelgė į mane ir staiga paklausė:

– Ar nori jį pasiimti šiandien?

– Ar tai įmanoma? Juk iki uždarymo liko vos 30 minučių, mano dokumentai šiame segtuve net neatversti...

Pažvelgęs į laikrodį jis atsakė:

– Grįžk po 20 minučių.

47

Čia tai bent! Aš negalėjau patikėti... Kaip? Nereiks laukti mėnesio? Nereikia mokėti? Tiesiog ateik po 20 minučių? Mes su pusbroliu išėjome į lauką pasivaikščioti ir tiesiog dėkojome Dievui. Lygiai po 20 minučių, prieš pat uždarymą, įėjau į ambasadą. Kai šis jaunuolis pamatė mane, jis priėjo prie manęs ir tiesiogine to žodžio prasme įbruko į rankas mano naują Ukrainos pasą.

Grįžęs į automobilį laikiau rankose pasą ir negalėjau patikėti savo akimis. Tada iš karto paskambinau Natalijai ir pasakiau jai: *„Jei įvyko pirmasis stebuklas, tada visi kiti stebuklai įvyks taip pat!"* Iki pat Sakramento su broliu šlovinome Dievą. Kai tik grįžau namo, Natalija išsiuntė mano pasą Latvijos ambasadai vizai gauti. Po kelių dienų ji ten paskambino, norėdama paklausti ar būtų galima paspartinti procesą. Jai grubiai atsakė, iškeikė ir numetė ragelį, taip nieko ir nepaaiškinę. Sustiprinome maldas, taip pat paprašėme savo draugų mus palaikyti maldoje. Tą pačią dieną paskambino mane kvietęs pastorius, jis norėjo patikslinti, ar aš nusipirkau lėktuvo bilietus. Pažadėjau jam, kad netrukus užsisakysiu bilietus ir viskas bus gerai. Aš tiesiog tikėjau, kad Dievas turi ką nors padaryti.

Iki išvykimo liko penkios dienos... Vis dar neturėjau bilieto, nes iki galo nebuvau tikras, kas bus su dokumentais. Buvo penktadienis, o trečiadienį turėjau išskristi į Rygą. Pamenu, kaip tą rytą, labai anksti nubudęs, aš dar kartą paprašiau Natalijos patikrinti, kuriame etape yra mano „mėlynasis pasas", nes būtent jis mane labiausiai jaudino: be jo aš negalėjau grįžti atgal į Ameriką. Natalija buvo darbe, ji patikrino ir pasakė: *„Jis vis dar yra pirmame etape."* Iš

TAI NEĮMANOMA

visų jėgų stengiausi tikėti, bet tai buvo nepaprastai sunku.

Tą penktadienį mūsų bažnyčioje vyko pamaldos, būtent tą vakarą aš turėjau vesti šlovinimą ir nukreipti žmones į Dievo garbinimą. *Kaip man tai padaryti?* Mano viduje vyko stipri kova, iš viso negalėjau tarnauti žmonėms spaudžiamas tokių aplinkybių ir abejonių. Kai Natalija grįžo iš darbo, aš vis tiek paėmiau mašiną ir nuvažiavau į bažnyčią.

Važiuodamas aš meldžiausi ir kažkuriuo metu tiesiog priėmiau sprendimą ir pasakiau Dievui: *„Viešpatie, šį vakarą, kad ir ką išgyvenčiau... nesvarbu, ar mano dokumentai paruošti, ar ne, net jei tektų sudegti iš gėdos prieš mane pakvietusį pastorių... prieš žmones, kurie mūsų laukia Rygoje... Aš priimu sprendimą: aukštinsiu Tave už tai, kas Esi! Aš atiduodu Tau šlovinimą, **nepaisant visko**! Tu vis tiek Esi vertas visos šlovės, nes Tu mano Dievas!"*

Žinote, esant neapibrėžtumui ir ilgai laukiant, mūsų protą atakuoja įvairios mintys. Gali užklupti akimirka, kai tu lauki iš Dievo, bet planai žlunga, tavo dvasia sugniuždyta, ji tampa mažesnė už tave. Dievas stebi, ką darysi per šią laiko tėkmę, šią pauzę. Ir kaip svarbu turėti **asmeninio bendravimo su Dievu vietą**, kurioje pakilsi virš aplinkybių ir atitrauksi žvilgsnį nuo regimų dalykų. Prisiminkite Dovydą: dar Senajame Testamente jis ieškojo artumo su Šventąja Dvasia: jis nuėjo prie Alyvų kalno, kur ieškojo Dievo artumo ir garbino Jį, tai ir buvo jo garbinimo vieta (2 Sam 15, 30-32). Kai jo sūnus Abšalomas sukilo ir perėmė karalystę, Dovydas turėjo bėgti. Žinai, KUR jis iš karto ėjo? Jis užkopė į Alyvų kalną, tiksliai į tą vietą, kur visada leisdavo laiką su Dievu. *Kas jam tuo metu buvo svarbiausia? Kur buvo nukreiptas jo dėmesys? Ką jis garbino? Sostą? Karalystę? Reputaciją?* Ne, Dovydui buvo apreikšta, ką reiškia iš tikrųjų garbinti Dievą. Jo dėmesys visada buvo sutelktas į Dievą, į Dievo Dvasią: *neatimk iš manęs savo Šventosios Dvasios (Ps 51,11). Tegul Tavo Dvasia nuveda mane į teisumo šalį (Ps 143, 10).*

Supratau, kad **tikras garbinimas yra tavo gyvenimo būdas,** kai tu ne tik dainomis ir žodžiais, bet ir visu savo gyvenimu šlovini Dievą, ir ne už tai, ką Jis gali padaryti, bet už tai, kas Jis yra. Kai 2002 metais išgyvenau susitikimą su Jėzumi, iškart sutikau antgamtinį Dievą. Tokį Dievą aš iki pat šiol matau savo tikėjimu: Didingąjį, Visagalį, Didelį Dievą, kuriam nėra nieko neįmanomo. Pamačiau, kad šlovinant reikia orientuotis ne į aplinkybes, jausmus, ne į tai, ką daro kiti žmonės, bet į garbinimo danguje modelį; kitaip tariant – „*kaip danguje taip ir žemėje."*

Izaijo 6 skyriuje aprašomas garbinimas danguje: „*aplink Viešpaties sostą buvo serafimai; kiekvienas turėjo šešis sparnus: dviem dengė savo veidus, dviem dengė kojas ir dviem plasnojo ore."* (Iz 6,2) Atkreipkite dėmesį, kad jų garbinimas buvo susijęs su **dėmesiu** ir **balsu:** „*Šaukė jie nepaliaudami vienas kitam: Šventas, šventas, šventas yra Galybių VIEŠPATS! Visa žemė pilna Jo šlovės!"* Angelai užsidengdavo savo veidus, nes nenorėjo atkreipti į save jokio dėmesio. Jie **visą dėmesį sutelkė į Dievą** ir savo balsais atidavė Jam visą gyrių.

Ne kartą pastebėjau, kad kai susirinkime mes nukreipiame visą muziką, pamokslus ir giesmes, ir visiškai visas savo mintis ir dėmesį į Dievą, tada nužengia Jo artumas ir Dievas ima apreikšti save. Jis yra šventas, ir kai mes atiduodame Jam visą dėmesį ir visą garbę, viskas aplinkui prisipildo Jo šlovės: *Nuo to jų šauksmo drebėjo durų staktos ir Šventykla prisipildė dūmų*, t. y. Dievo buvimas buvo toks stiprus šiame jų garbinime! Įsivaizduokite, ką daro mūsų šlovinimas ir gyrius: tai **pritraukia Dievą prie mūsų**! Kuo daugiau mes garbiname, tuo stipriau jaučiamas Jo buvimas.

Ne veltui Dievas mus pavadino Savo šventykla. Jis nori pripildyti šią šventyklą Savo šlovės, kad mes visada būtume Jo artumo nešėjai! Taigi nusprendžiau, kad ir kas vyktų, šlovinsiu Jį, kad Jo artumas būtų su manimi visur ir visada. Ir važiuodamas į bažnyčią tiesiog automobilyje priėmiau sprendimą, kad ne tik šiuo atveju, bet ir visomis gyvenimo dienomis, kad ir kas nutiktų, nepaisant kokios situacijos, patiriamas stresas ir spaudimas užgriūtų mane, aš garbinsiu Dievą už tai, Kas Jis yra: *„Tu Esi Viešpats! Tu Esi šlovės Karalius! Tu vertas! Aukštinsiu Tave už tai, kas Esi! Nežiūrint į nieką, šlovinsiu Tave visu savo gyvenimu!"* Už tokį savo stovį turime kovoti kiekvieną dieną ir nugalėti viską, kas trukdo.

Atvykau į bažnyčią ir sustojau aikštelėje. Automobilyje vis dar būdamas Jo artume kalbėjausi su Juo, kai staiga paskambino Natalija:

– Prisisek saugos diržus! – pasakė ji.

– Aš jau prisisegęs.

– Nepatikėsi...

DIDELIS DIEVAS

– Patikėsiu, sakyk, kas nutiko?

– Šiuo metu rankose laikau tavo „mėlynąjį pasą".

– Ką? Tai neįmanoma! Kaip? – paklausiau, o ji atsakė:

– Nežinau, jis tiesiog atėjo paštu. Įdomiausia, kad aš sąmoningai vėl nuėjau į Vašingtono svetainę, o kompiuteris rodo, kad tavo pasas vis dar pirmajame etape. Bet aš jį dabar laikau savo rankose!

Negaliu aprašyti savo jausmų, kaip jaučiausi tuo metu. Viskas, ką galiu pasakyti – tik tai, kad išgyvenau antgamtišką Dievą.

Kitą dieną, šeštadienį, iš pat ryto paskambino mano žmonos mama. Ji pasakė, kad 7 ryto kažkoks vyras pasibeldė į jos duris ir įteikė siuntą. Kai ji ją išpakavo, ten buvo mano ukrainietiškas pasas su viza į Latviją. Tada mama iš karto atnešė mano pasą. Tą rytą visi kartu klaupėmės ir dėkojome Jėzui, savo Gyvajam, Didžiajam, Visagaliui Dievui, kuris daro stebuklus.

Kai atsikėliau po maldos, Šventoji Dvasia man tarė: *„Tu turi kitas tris dienas, kad visiškai nurimtum ir pasiruoštumei. Užsisakyk bilietus ir ruošk Mano žodį Mano tautai."* Dar trys dienos! Dar prieš porą dienų aš nieko neturėjau, o dabar visus dokumentus laikau rankose ir turiu tris dienas iki išvykimo. Trys dienos ateiti į ramybės pilnatvės būseną, toliau garbinti ir būti su Dievu, kad atneščiau Jo žodį bažnyčiai ir atskleisčiau Dievą, vardu Stebukladarys.

5 SKYRIUS
DVASIA AIŠKIAI KALBA

Po stebuklo su pasais ir kelionės į Latviją grįžau namo ir pradėjau intensyviai melstis, kad Dievas padėtų man sutvarkyti **visus** mano dokumentus. Ilgą laiką pragyvenęs Amerikoje vis dar neturėjau leidimo gyventi (žaliosios kortelės). Įsivaizduokite, kai mes persikėlėme į šią šalį nuolat gyventi, mano mama visiems vaikams pateikė skiepų pasus. Tada daugiau nei 10 metų mes negalėjome rasti mano skiepų paso, kad galėčiau gauti žaliąją kortelę. Visi mano broliai ir seserys jau seniai buvo gavę žaliąsias korteles ir Amerikos pasus, jie galėjo laisvai judėti iš šalies ir atgal, visi, išskyrus mane. Mano seserys visur ieškojo šios kortelės, netgi bandė susisiekti su Ukraina jų gyvenamojoje vietoje, kad padarytų iš naujo šį pažymėjimą, tačiau joms buvo atsakyta: jokių duomenų nerasta. Supratau, kad pažymėjimas negali tiesiog dingti, jis kažkur guli. Tačiau praėjo tiek metų, mes

DIDELIS DIEVAS

jau tiek daug ieškojome, jog net sunku įsivaizduoti, kad apskritai įmanoma jį rasti.

Pavargau nuo šio streso ir pradėjau melstis Dievui: *„Tėve, Tu pašaukei mane į tautas. Tu siunti mane į daugelį šalių ir tautų. Prašau, padėk man susirasti vakcinacijos pažymėjimą, kad galėčiau gauti pasą ir laisvai skraidyti."*

Praėjo šiek tiek laiko. Pamenu, pasilikau vienas namuose ir skaičiau Žodį. Kaip įprasta, tai buvo mano laikas su Dievu. Kilo stiprus noras garbinti Viešpatį. Aš įsijungiau šlovinimą, vaikščiojau po kambarį ir aukštinau Dievą! Jo artumas užpildė namus ir aš pradėjau prašyti Jo dar labiau atsiskleisti man. Staiga manyje kilo neįprastas noras švęsti vakarienę. Tuo metu aš jaučiau, kad Šventoji Dvasia mane veda prie duonos laužymo. Aš suprantu, kad daugelio žmonių nuomonė apie tai, ką aš dabar kalbu, skiriasi: kažkas mano, kad duonos laužymas turėtų būti atliekamas kartą per mėnesį, kažkas mano, kad tai turėtų būti daroma dažniau, kažkas gali manęs nesuprasti, bet aš tuo metu tiesiog pajutau paraginimą tai padaryti vienam.

Viską paruošiau ir su malda, garbindamas Dievą laužiau duoną, tada toliau meldžiausi ir aukštinau Jėzų. Staiga taip garsiai ir aiškiai išgirdau savyje balsą – dar niekada taip aiškiai negirdėjau Jo balso viduje: *„Atsistok."* Aš tiesiogine to žodžio prasme šoktelėjau nuo sofos. Po to išgirdau: *„Pasuk į dešinę ir eik link indaujos."* Pažvelgiau į didelę spintelę su lentynomis ir pagalvojau: *„Ten?"* Šventoji Dvasia atsakė: *„Būtent čia."* Tai buvo taip neįprasta: žengiu žingsnį ir laukiu, ką Dievas pasakys toliau...

DVASIA AIŠKIAI KALBA

Taigi, nuėjau prie indaujos ir sustojau. „*Eik kairėn prie paskutinės lentynos.*" Aš nuėjau. Dievas pasakė: „*Atidaryk viršutinės lentynos dureles.*" Atidariau ir laukiu. Jis tęsė: „*Surask ten žalią dėžę.*" Aš pradėjau ieškoti ir iš tikrųjų ten buvo žalia dėžė! Šventosios Dvasios balsas tarė: „*Atidaryk.*" Atidariau ir pamačiau daug įvairių daiktų. Dievas tęsė: „*Ieškok ten mėlynos knygos.*" Pradėjau žiūrėti visus daiktus ir ieškoti knygos, ir iš tikrųjų dėžutės apačioje buvo mėlyna knyga. Tada Jis aiškiai pasakė: „*Imk ir atversk ją.*" Atvertęs šią knygą, viduje pamačiau savo geltoną skiepų pasą.

Neįmanoma apibūdinti jausmų, kuriuos patyriau tą akimirką. Prisimenu, kaip atsisėdau ant sofos ir tiesiog negalėjau sulaikyti ašarų, tai buvo susižavėjimo Dievo didybe, dėkingumo ašaros – už tai, kas Jis yra. Džiaugsmo ašaros, kad Jo balsas toks realus. Niekada nepamiršiu tos dienos, nes Šventoji Dvasia taip aiškiai kalbėjo su manimi, tiksliai nukreipdama kiekvieną mano judesį. Dar kartą Dievas vedė mane į Šventąjį Raštą ir liepė atsiversti 1 Laišką Timotiejui 4, 1: „**Bet Dvasia kalba aiškiai...**" Jo balsas yra realus, Jis turi tapti prioritetu mūsų santykiuose su Juo, o Jo Žodis turėtų būti viso mūsų gyvenimo prioritetu.

Dievas netyli, ir maldoje svarbu ne tai, kiek valandų praleidai, o tai, ar pajėgei išgirsti Dievą. Pastebėjau, kad kuo **daugiau praleidžiu laiko skaitydamas Jo Žodį, tuo aiškiau girdžiu Jo balsą** ir susijungiu su dangaus tikrove. Aš taip pamilau Šventąjį Raštą, kad jis tapo mano dalimi – to, kas esu. Šventoji Dvasia suteikia gyvybę šiam

DIDELIS DIEVAS

žodžiui manyje, aš juo nuolat maitinuosi, kad manyje augtų tikėjimas Dievu.

Kai atsigręžiu ir pažvelgiu į tai, kaip mane vedė Dievas, pastebiu sudėtingus savo gyvenimo momentus, procesus ir ištisus sezonus, kai pats Dievas mane ugdė. Ir nors velnias nuolat bandė mane pargriauti ir atakuodavo mano mąstymą neigiamomis mintimis, Dievas mokė mane Savo tiesos. Žinote, pastebėjau, kad kiekvieną kartą išvykstant į kokią kelionę mano namuose prasidėdavo problemos – kažkas sulūždavo, kažkas nutikdavo. Yra buvę kad mano vaikai ir žmona gulėjo lovoje su aukšta temperatūra ir nebuvo kam ateiti ir jiems padėti. Buvau tarsi plėšomas, tarnavau žmonėms, pamokslavau žmonėms, kad Dievas yra didis, o mano šeima tuo metu sirgo.

Pamenu, kaip sugrįžęs iš eilinės kelionės, neturėjau ramybės, viduje prasidėjo stipri kova, norėjau viską palikti. Tada užsidariau ir ėmiau šauktis Dievo: *„Dieve, nesuprantu, kas vyksta. Aš nenoriu taip tarnauti. Matau, kad visa mano šeima kenčia dėl manęs. Jie nesiskundžia, bet matau, kad juos nuolat užklumpa priešo išpuoliai... Dieve, kas vyksta?"*

Tada Šventoji Dvasia ėmė aiškinti man. Ji man priminė vieną įvykį. Po susitikimo su Dievu, kai ėmiau intensyviai ieškoti Dievo (išeidavau į tylą, pasninkavau, meldžiausi, tarnavau žmonėms), mama – aš jos jokiais būdais nesmerkiu – pasidalijo savo nuogąstavimu, būtent taip ji tikėjo: *„Andrejau, jei tu būsi arti Dievo, tada velnias bus labai arti tavęs ir tavo šeimos. Saugok save."*

DVASIA AIŠKIAI KALBA

Išklausiau ją, bet vis tiek nusprendžiau, kad tai manęs nesustabdys – vis tiek ieškosiu Dievo visą gyvenimą, iki paskutinio atodūsio. Tačiau jos žodžiai paliko kažkokį pėdsaką mano pasąmonėje.

Niekada nepamiršiu, kai Šventoji Dvasia tarė: „*Aš tau parodžiau kaip tu mąstai. Tu priėmei žmogaus žodžius, jie suformavo klaidingą įsitikinimą. Dėl tokių tavo minčių tavo šeimą atakuoja velnias – smūgiuodamas ir atnešdamas betvarkę. Tu kažko nežinai.*" Tą akimirką supratau, kad jei tikėjimas neteisingas, tai reiškia gyvenimas toje srityje bus irgi neteisingas: ne toks, kaip Dievas yra nustatęs.

Pamačiau, kad mūsų mąstyme būna pasodinta raugių, per kurias velnias turi priėjimą ir tyčiojasi iš žmonių. Tai gali būti klaidingos mintys apie tave, apie kitus žmones ir net apie patį Dievą! Žmonės krenta į melo duobę: daugelis giliai pasąmonėje prisileidžia mintį, kad jų problemos prasidėjo po to, kai jie pradėjo tarnauti Dievui.

Kaip velnias gavo priėjimą? Dievas man parodė, kad mūsų pasąmonėje daug kas pasėta žmonių: patirtys, įvykiai, tradicijos, teorijos, įsitikinimai, išankstinės nuostatos – visa tai yra daigai, kuriuos ne Tėvas sodino. Būtent per tai velnias turi priėjimą. Nežinodami Dievo žodžio tiesos ir dėl apreiškimo stokos, jūs patys leidžiate velniui jus naikinti. Tiek daug primestų žmogiškų mokymų, kurie garbina Jį lūpomis, mokydami žmonių nuostatų, bet nepažįsta Dievo jėgos.

Daugelis tampa abejonių ir netikėjimo vaisiais, nes

DIDELIS DIEVAS

susidūrė su žmonėmis, kurie kalbėjo ir pristatė Dievą neteisingai. Tu kovoji, negali suprasti, kodėl kiekvieną kartą kai imiesi tarnauti ar artintis prie Dievo, iš karto prasideda problemos, ligos, atakos. Štai kur slypi velnio melas, kurį jis kužda: *„Viskas dėl to, kad pradėjai tarnauti Dievui. Nereikia artintis prie Dievo, antraip turėsi sunkumų. Saugok savo šeimą, į jokias misijas nereikia važiuoti, kitaip prasidės problemos."* Daugelis žmonių mano, kad tame yra Dievo valia: Dievas siunčia mus tarnauti, bet siunčia ir ligas, tai yra: *„Dirbk Man, tarnauk Man, o aš tau dar ir ligas siųsiu"* – daugelis turi tokį Dievo paveikslą! *Iš kur tai?* Tai yra sudygę augalai, kuriuos ne Tėvas pasodino jūsų mintyse.

Dievas man pasakė: *„Nejaugi tu galvoji, kad Aš, kuris suformavau Visatą ir viską, kas ją užpildo, Aš, kuris, atidaviau mylimąjį Sūnų už jus ir atėmiau iš velnio visą valdžią, negaliu apginti tavo namų ir tavo vaikų?! AŠ GALIU! Manyje Visa jėga, visa valdžia ir visa galybė, bet net prie viso to NIEKO NEGALIU, jei nepakeisi savo mąstymo Mano Žodžiu."*

Šventoji Dvasia man pradėjo kalbėti, kad mano mąstymą atnaujinti nebus lengva, bet tai įmanoma. Kiekvieną neigiamą mintį, nepaisant fizinių aplinkybių, turėsiu nukreipti į tai, ką sako Jo žodis. Kitaip tariant, mes turime **visą mąstymą pavergti paklusnumui Kristui**, gyventi Jėzaus pergale, priimti viską, ką Jis padarė Golgotoje, ir išmokti Jame triumfuoti.

Aš pradėjau mūšį, kuris tęsiasi iki šiol, nes vis dar yra tiek daug sričių, kurias privalau pavergti paklusnumui

Dievo žodžiui. Tose savo gyvenimo srityse, kur buvo kažkas neigiamo, pradėjau skelbti Dievo pažadus, nes Jo žodis yra tiesa. Gal mano gyvenime ne visada viskas pavyksta, bet tai nereiškia, kad pralaimėjau. Aš nenuleidžiu rankų, bet toliau augu pažinimo jėgoje. Dabar prieš išvykdamas sakau žmonai: *"Aš išvažiuoju ir tikiu, kad tau tai bus geriausias laikas. Dievas suteiks jums tokią malonę, jos bus daugiau nei tada, kai esu namuose."*

Mano gyvenimo pokyčiai atėjo ne per naktį ir ne per vieną dieną, bet aš visiškai palenkiau širdį, kad nesusitapatinčiau su šio pasaulio mąstymu, o pasikeisčiau per proto atsinaujinimą, ieškodamas, kokia yra Dievo valia (Rom 12, 2). Ir Jo valia man yra GERA! TINKAMA! TOBULA! Gera visose srityse! Jei esi verčiamas spaudimo ir baimės paklusti Dievo valiai, tai nėra evangelija. Prievarta ir spaudimas – tai nėra Dievo prigimtis. Dievas nori, kad pasitikėtume Juo ir pamatytume, kad Jo valia mums yra gera. Jei neįstengsime pamatyti, kad Dievo valia yra gera mūsų gyvenimui – tikrai gera – tai savo noru ir nuoširdžiai niekada negalėsime atsiduoti Dievui. Kai žinai, kad tau linki tik geriausio, tik tada gali savo noru palenkti savo valią ir sąmoningai pasirinkti šį kelią.

Viešpats man davė Šventojo Rašto tekstus, kad juos skelbčiau savo aplinkybėms kiekvieną dieną:

– **Viešpats mano Ganytojas, nieko nestokosiu! (Ps 23,1)**

– **Joks ginklas nukreiptas prieš mane nebus sėkmingas! (Iz 53,17)**

DIDELIS DIEVAS

– Štai duodu jums valdžią mindyti gyvates ir skorpionus ir niekas nepakenks jums! **(Lk 10, 17)**

– Tas, kuris gyvena Aukščiausiojo globoje, Visagalio šešėlyje pasilieka! **(Ps 91,1)**

Aš tikiu labai dideliu Dievu ir labai mažučiu velniu, o ne atvirkščiai! Turime suprasti, kad Jėzus atėmė visą valdžią iš Liuciferio. Velnias apskritai nebeturi jokios valdžios! Dabar tau suteikta valdžia žemėje. Jėzus pasakė: *„Štai aš duodu jums valdžią mindžioti gyvates bei skorpionus ir visą priešo jėgą, ir niekas jums nepakenks."* Gyvatė yra apgaulės dvasia, prieš ją reikia išstoti. Kur tave apgavo velnias, ten turi pasipriešinti. Todėl kiekvieną dieną pradėk skelbti:

„VIEŠPATS yra mano Ganytojas, – aš nestokosiu. Jis paguldo mane žaliuojančiuose ganyklose, veda mane prie tylių vandenų. Gerumas ir malonė telydi mane kiekvieną dieną mano gyvenime. Palaimintas mano išėjimas ir sugrįžimas, palaiminti mano rankų darbai, mano sveikata, mano kūnas, mano žmona, mano vaikai, mano namai... Aš, kaip medis, pasodintas prie vandens šaltinio. Viskas, ką aš darau, yra sėkminga ir aš nešiu vaisių savo metu".

Savo gyvenime turime išmokti pasipriešinti apgaulės dvasiai ir išrauti viską, kas žmogiška, viską, ko nesodino Tėvas. Privalome rūpintis, kad mūsų mintyse nuolat būtų Dievas ir maitintis žodžiu, kad žodis taptų kūnu mumyse ir formuotų mūsų mąstymą. O dabar pridėsiu dar keletą pažadų:

„Už patirtą gėdą Dievas tau dvigubai atlygins! Vietoj

DVASIA AIŠKIAI KALBA

verksmo – džiaugsmo aliejus. Vietoj liūdesio dvasios – šlovingi drabužiai. Dievas padarys tave tautų šviesa, kad Jo išgelbėjimas išplistų iki žemės pakraščių!"

Noriu užduoti jums **namų darbus**: atsikratykite visų neigiamų minčių! Verčiau skelbkite Dievo pažadus! Priimkite į savo gyvenimą Dievo žodį o kiekvieną mintį, kuri neatitinka Jo žodžio, varykite šalin! Te jūsų lūpos kalba **ta patį kartu su dangumi!**

Dvasia kalba aiškiai, ir tuo aš tikiu...

6 SKYRIUS

MES JŪSŲ LAUKIAME IŠTISĄ DIENĄ

Žmonės manęs dažnai klausia: "*Ar tu tiki stebuklais?*" Aš atsakau: "*Ne. Aš tikiu Dievu, kuris daro stebuklus*". Aš ieškau Jo – Jis yra visa ko šaltinis. Visi stebuklai mano gyvenime yra susiję su Dievo pažinimu. Visas mano dvasinio pasaulio supratimas yra susijęs su tuo, kiek pažįstu Dievą. Dievas yra toks įvairialypis ir tiek mažai Jį pažįstame! Ieškokite Dievo, o ne stebuklų. Ieškantiems Jo, Jis būtinai atlygina, atskleisdamas Savo realybę ir galią. Tik Jis gali teisingai nukreipti tavo žvilgsnį į visa, kas matoma ir nematoma. Kuo labiau tu pasilieki Jame, tuo labiau Jis stiprina tave Savo galios jėga. Tada, susidūręs su gyvenimo aplinkybėmis, gali užtikrintai pasakyti: „*Kas tu, baime? Kas tu, depresija? Kas tu, Galijote? Kas tu, ne apipjaustytasis, kuris keiki gyvojo Dievo armiją?* "

DIDELIS DIEVAS

Tokia buvo Dovydo reakcija į milžiną Galijotą. Istorija, pažįstama nuo pat vaikystės. Įdomu tai, kad tuo metu Galijotas nieko nenukovė, jis tiesiog pasirodydavo 40 dienų, šaukdamas grasinimus ryte ir vakare. Kuo labiau izraelitai į jį žiūrėjo, tuo stipriau juos užvaldė baimė ir siaubas. Ten buvo Saulius ir tūkstančiai kareivių, kurie išmoko mojuoti ietimis vienas prieš kitą, tačiau tarp jų nebuvo tikinčio žmogaus... Kad ir kokie stiprūs šie kariai buvo, jų tikėjimą slopino baimė. Tikėjimas kyla iš klausymo, nesvarbu, ar žodžiai yra teigiami, ar neigiami.

Ir Dievas stebėjo viską, kas vyko. Kai Golijotas sušuko: „*Duokite man žmogų*", man atrodo, kad Viešpats iš dangaus juokėsi: „*Ar nori sugėdinti mano žmones, Galijotai? Ar tu nori vyro? Ne bėda, aš turiu žmogų. Mano akivaizdoje stiprėjantys ir augantys jaunuoliai nėra apnuodyti baime; tai Mano karta žmonių, kurie turi kitokį mąstymą* ".

Tą akimirką Dievas tiesiog pašaukė Dovydą iš Savo artumo ir pasiuntė į karo stovyklą, kad išspręstų situaciją su Galijotu. Anksčiau Dovydas tik ganė avis, tačiau laukymėje jis jau turėjo savo žygdarbių su Dievu: jis nugalėjo liūtą, lokį, vilką, giedojo šlovę Dievui, meldėsi, kūrė psalmes, kasdien buvo Jo akivaizdoje, stiprindamas savo dvasią. Kai jis tik atėjo į stovyklą pas brolius ir išgirdo Galijoto pareiškimus, jo reakcija buvo visiškai kitokia, nei visos Izraelio armijos: „*Kas yra tas neapipjaustytasis, kuris taip keikia gyvojo Dievo armiją?!*" Ir viskas tik dėl to,

MES JŪSŲ LAUKIAME IŠTISĄ DIENĄ

kad Dovydas į mūšio lauką atėjo iš Dievo artumo, jo dėmesys taip ir liko nukreiptas į Dievą, o ne į priešo jėgą. Jis išsakė tai, ką matė: jis regėjo jau nugalėtą Golijotą. Štai kodėl Dovydas taip drąsiai išlaisvino pranašišką žodį tardamas: *„Aš einu prieš tave kareivijų Viešpaties vardu. Gali būti užtikrintas, kad aš tave jau nužudžiau. Dabar nuimsiu tau galvą ir atiduosiu tavo lavoną laukiniams žvėrims..."* *(1 Sam 17: 45-46)* Įsivaizduokite Galijoto nuostabą ir sukrėtimą: *„Aš niekada gyvenime nesu girdėjęs tokių man ištartų žodžių!* Kas tu toks, garbanotas padare? Iš kur tu apskritai išdygai? " Tiesiai nuo Dievo. Dievas Dovydą atsiuntė su žodžiu.

Paskelbęs žodį, jis paėmė akmenį ir sviedė jį į Galijotą. Visa kita – žodžio rezultatas: angelai nukreipė skrydžio trajektoriją taip, kad akmuo smogė priešui į galvą. Atkreipkite dėmesį, kad **pranašiškas žodis nutiesė kelią akmeniui**. Pats Dievas išpildo savo tarnų ištartą žodį *(Iz 44, 26)*. Galijotas staiga krito ir taip išsipildė Dovydo paskelbtas žodis. Aleliuja!

Svarbu suprasti, kad tai yra provaizdis mūsų laikams: Jėzus yra Žodis, bet jis taip pat yra akmuo, kurį atmetė statytojai, ir parašyta, kad ant ko kris šis akmuo, tą sutriuškins. Dvasinis pasaulis toks pat ir šiandien, nuožmi kova tęsiasi, tie patys demonai, kurie tada stovėjo už Galijoto, ir šiandien veikia mūsų pasaulyje. Mūsų kova nėra prieš kūną ir kraują (Ef 6, 12). Šis „Galijotas" šiandien meta iššūkį Dievo tautai ir atveria savo žiotis taip plačiai, kad pavergtų daugelį žmonių: įvairiausių rūšių vėžys, baisios negalios ir ligos, priklausomybės, baimė, geismai, depresija, skyrybos, smurtas, pyktis, neviltis... Mūsų kartoje kiekviena šeima turi savo „Galijotą".

Mano širdis šaukia, nes daugelis tikinčiųjų mato priešais save tik didelį „Galijotą", bet nustojo matyti didelį Dievą. Aš tikrai tikiu, kad susijungę su Dievo Dvasia, jūs gyvensite kitaip! Kuo stipresnis ryšys, tuo realesnė Jo esmė jumyse ir per jus. Tuomet nebesvarbu, koks didelis yra „Galijotas", nes tau suteikta valdžia mindžioti gyvates ir skorpionus ir niekas tau nepakenks.

Būdamas jaunimo pastorius, prisimenu, kaip su savo draugais visą savaitę praleidom išgydymo konferencijoje Redingo mieste, Kalifornijoje. Visą tą laiką leidome žodyje ir šlovindami, alsuodami Dievo artumu. Prieš išvykdami susirinkome į mažą kavinę paplepėti ir kartu papusryčiauti. Oras buvo puikus. Sėdėdami lauko terasoje juokėmės, prisiminėme konferenciją, dalinomės įspūdžiais ir apreiškimais. Ir ten pat taip stipriai išgyvenome Dievo artumą, kad labai norėjosi kažkam patarnauti. Susikibę rankomis pradėjome prašyti Dievo, kad Jis atsiųstų žmogų, kuriam reikia Jo.

Iškart po maldos į automobilių stovėjimo aikštelę atvažiavo automobilis. Iš jos išlipo vidutinio amžiaus vyras. Jis nuėjo link kavinės stipriai šlubuodamas, o jo koja buvo ortopediniame įtvare. Kad ir kaip būtų keista, bet mes prapliupome juoktis, nes jį pamatę labai apsidžiaugėme, – buvo akivaizdu, jog Dievas iškart atsakė į mūsų maldą. Pakvietėme šį vyruką:

– Ei, bičiuli, ateik čionai!

Vyras sustojo ir piktai nužvelgęs mus pamažu ėmė krypuoti mūsų link. Mes nelaukėme, bet iššokome iš už stalo ir pribėgome prie jo:

– Laba diena. Ar galėčiau paklausti, kas nutiko kojai?

– Nieko ypatingo, – kietokai sumurmėjo jis, – nedidelė trauma ir viskas.

Tada mes tarėme:

„Supraskite mus teisingai: mes norime jums padėti. Mes esame tikintys žmonės ir ką tik paprašėme Dievo atsiųsti mums žmogų, kurį Jis nori išgydyti. Leiskite mums pasimelsti už jūsų koją!

– Jums ne už koją reikia melstis! Visa tai menkniekis! Geriau melskitės už ranką!

Išpoškinęs šiuos žodžius, jis ištiesė mums ranką ir paprašė mūsų jos neliesti. Nuo to, ką pamatėme, tiesiog sustingome iš nuostabos: ranka buvo stipriai ištinusi, raudonai mėlynai geltona, be to, du rankos centriniai plaštakos kaulai buvo išnirę iš sąnarių ir styrojo kitoje delno pusėje. Žodžiu, viskas atrodė baisiai!

Kažkas paklausė:

– Kas atsitiko rankai?

Vyras ėmė pasakoti, kad jiedu su žmona vyksta iš Oregono į Los Andželą. Jo automobilis kelyje kelis kartus gedo. Viename iš pravažiavimų, kai mašina eilinį kartą užgeso, jis taip įniršo, kad nesusitvardė ir smogė per automobilį iš visų jėgų. Taigi, smūgio metu jis išmušė du kaulus, ranka buvo labai ištinusi, kad net pirštų nebuvo galima sulenkti. Jo kumštis atrodė kaip pripūstos guminės pirštinės. Buvo akivaizdu, kad jis kentėjo nuo stipraus skausmo.

Mes supratome, kad Dievas pas mus pasiuntė šį žmogų, kad padarytų stebuklą jo gyvenime. Ištiesėme rankas ir, atsargiai uždengę jo ranką delnais iš apačios ir iš viršaus, ėmėme melstis. – „Šventoji Dvasia, – tariau, – ačiū už viską, ką darai dabar". Maldos metu per mūsų delnus pradėjo sklisti šiluma ir tarsi ugnies kamuolys apgaubė jo ranką. Susižvalgę vienas su kitu, mes taip prapliupom juoktis, kad kai kuriems net ašaros riedėjo, tik supraskite, kad tai nebuvo įprastas juokas – tai buvo stiprus Šventosios Dvasios artumo ir patepimo išgyvenimas. O vyras negalėjo nieko suprasti, kas vyksta. Jis taip pat jautė stiprų karštį einantį per visą ranką. Tada jis sušuko iš nuostabos, kai pajuto, kad kažkas tarsi adata pradūrė jo rankos ištinimą. Mūsų akivaizdoje sutinimas mažėjo ir nyko. Vyras plačiai atmerkė akis ir sustingo iš nuostabos, o mes švelniai spaudėme savo rankas prie jo rankos, kol išgirdome traškesį riešė. Savo delnu jaučiau jo ranką, kaip plaštakos kauliukai judėjo ir statėsi į savo vietas. Tada vyras ištraukė ranką ir riktelėjo:

– Mano ranka! Mano ranka! Man nebeskauda! Man nebeskauda! Dievas mane išgydė!

Jis gniaužė ir tiesė savo pirštus, šaukdamas, kad

MES JŪSŲ LAUKIAME IŠTISĄ DIENĄ

skausmas dingo. Tai buvo antgamtiškas Dievo galios įsiver-žimas į jo gyvenimą. Tą akimirką mes jam pasakėme:

– Dabar nuimkite kojų įtvarą.

Jį atsegęs jis pajuto, kad ir kojos nebeskauda. Įsivaizduokite, mes net nesimeldėme už jo koją, o pats Dievas visiškai išgydė jo visą kūną. Jūs net neįsivaizduojate, kaip šis vyras pradėjo šaukti, šokinėti ir šokti iš džiaugsmo. Jo žmona iššoko iš automobilio ir bėgo pas mus, nes visą šį laiką ji mus stebėjo sėdėdama automobilyje. Supratusi, kas nutiko, ji apsipylė ašaromis. O vyras nesiliovė džiaugavęs, judindamas ranką tai aukštyn, tai žemyn. Mes taip pat buvome laimingi. Tą pačią akimirką Dievas atskleidė daug daugiau apie šį žmogų apreikšdamas, tai kas paslėpta.

– Kas nutiko, kai jums buvo 6 metai?- paklausėme.

Po šio klausimo vyras sustingo, o tada iš jo akių plūstelėjo ašaros. Tada Šventoji Dvasia atskleidė, kad tai, kas nutiko, buvo susiję su jo tėvu. – *Iš kur tu tai žinai?* – jis paklausė. Pasirodo, kai jam buvo 6 metai, Vietname kilo karas, jo tėvas pasisiūlė į savanorius. Kai berniukas tai sužinojo, jis su ašaromis prašė tėčio neišeiti, tačiau jis grubiai atrėžė sakydamas, kad tai jo pareiga šaliai. Vaikystėje jis prisiekė, kad niekada neatleis tėčiui. Jo tėvas taip niekada ir negrįžo, buvo nušautas viename iš mūšių. Taigi nuo pat vaikystės jis gyveno su nuoskauda prieš savo tėvą ir su nuoskauda prieš Dievą, nes „Dievas leido žūti jo tėvui".

Ar žinote, kas nutinka, kai žmogus neatleidžia? Jis uždaro dangų virš savęs, kurį Jėzus mums atvėrė (Jn 1, 57). Šventajame Rašte aiškiai sakoma, kad jei mes neatleisime, tai ir mūsų Dangiškasis Tėvas neatleis mums mūsų nuodėmių (Mt 6, 15). *Įsivaizduokite, jei žmogus neatleidžia* **metų metus?** *Kas vyksta?* Kad ir kaip žmogus meldžiasi ir visa, ką jis nuveikia per dieną, dangaus neatleidžia ir visa tai pakimba virš jo gyvenimo; kiekvieną dieną šis didžiulis neatleidimo kamuolys, kaip ir „Galijotas", tampa vis didesnis ir ima naikinti žmogų iš vidaus. Daugelis bando gyventi krikščionišką gyvenimą, tačiau dėl neatleidimo šie žmonės velka nepakeliamą naštą ir dangus jiems uždarytas – dėl to kyla daugybė ligų, agresija, depresija, savižudybės, merdėjimas...

Iš savo patirties žinau, kaip sunku atleisti. Mano gyvenime buvo žmonių, kurie mane įskaudino. Aš jiems atleidau ir dangus buvo atidarytas, bet širdį vis dar skaudėjo. *Žinai, ką darydavau?* Kiekvienoje maldoje vardinau šių žmonių vardus ir vėl skelbiau atleidimą, o tada juos laiminau. Netrukus net nepastebėjau, kaip jų poelgiai nustojo mane jaudinti. Todėl galėjau ramiai pažvelgti šiems žmonėms į akis ir daryti gera, nes ne tik atleidau, – pasitraukė ir neigiami jausmai. Šia malda jūs gydote save ir aktyvuojate palaiminimą savo gyvenime. Todėl, bičiuliai, **gyvenkite taip, kad dangus virš jūsų gyvenimo visada būtų atviras.**

Daugiau nei 50 metų šis vyras gyveno su apmaudu. Dėl kartėlio širdyje jis buvo labai kietos širdies žmogus; kentėjo ir jis, ir jo šeima – vėliau apie tai pasakojo žmona. Šventoji Dvasia visa tai atskleidė, kad išlaisvintų jo sielą. Šis žmogus suprato, kad dėl visų savo nelaimių kaltino Dievą, nors iš tikrųjų niekada nebuvo susitikęs su Viešpačiu, Jo visiškai nepažinojo. Jis tai suvokė ir paleido visas nuoskaudas, kurias jautė Dievui. Mes pradėjome melstis ir pasakėme, kad jis turi atleisti tėvui. Vyras ėmė drebėti, jis garsiai verkė, o mes verkėme su juo ir maldavome: *„Atleisk savo tėvui, paleisk jį, atiduok visas nuoskaudas į Jėzaus rankas"*. Maldoje jis ištarė tėvo vardą ir kelis kartus kartojo: *„Tėti, aš tau atleidžiu"*. Vos ištaręs šią frazę, jis griuvo ant žemės. Tiek metų nelaisvėje laikiusi neatleidimo dvasia išėjo ir paliko jį visam laikui. Pakilęs nuo žemės jis iškart apkabino savo žmoną. Mes ėmėme melstis už juos abu vesdami juos į atgailos maldą. Tą rytą jie priėmė Jėzų į savo širdį ir amžinai atidavė save Dievui. Aleliuja!

Visa tai buvo tik stebuklų pradžia. Tą dieną grįžę į Sakramentą nusprendėme vakare susirinkti ir toliau melstis už praeivius. Aš įsitikinęs, kad kai atiduodame save Dievui, skirdami savo laiką, Dievas pašventina tą laiką. Kai sakai *„Kelsiuos 5 valandą ryto melstis..."*, žiūrėk, kad nepramiegotumei, nes Šventoji Dvasia užantspaudavo šį laiką ir Jai tai svarbu, ir Ji lauks tavęs tuo metu! Taigi mes paskyrėme laiką tarnauti žmonėms.

Penktą valandą vakaro su draugais atvykome į didelę automobilių stovėjimo aikštelę prie „Safeway" prekybos centro. Prekybos centro aikštelėje buvo daug parduotuvių ir restoranų, todėl paprastai praeivių visada būna daug. Pastatęs savo automobilį iškart atkreipiau dėmesį į priešais mane stovinčią baltą „Honda", kurioje sėdėjo vaikinas su mergina. Išlipę iš automobilio pasidalijome į grupes po 2-3 žmones ir ketinome išsiskirstyti ir pradėti tarnavimą praeiviams. Man dar nespėjus pasitraukti, vaikinas iš tos baltos „Honda" pašaukė mane:

– Ei, tu! Eik čia!

– Ar mane kvieti? - paklausiau.

– Taip, taip, tau sakau, ateik čia. Mes laukiame jūsų ištisą dieną!

– Atsiprašau, ką? Ko lauki visą dieną?

– Mes tavęs laukiame.

Atidžiai pažvelgiau į jį ir atsakiau:

– Ar tu nieko nepainioji? Pirmą kartą matau tave, ir šioje miesto dalyje randuosi pirmą kartą.

Tuo metu iš automobilio išlipo mergina, kuri taip pat priėjo prie mūsų. Aš jų paklausiau, kas jie ir kodėl mūsų laukia. Jų atsakymas mane tiesiog nustebino:

– Mes laukiame, kad galėtume priimti Jėzų Kristų į savo gyvenimą. Ką turime dėl to padaryti?

To dar nėra buvę mano gyvenime! Tai buvo stebuklas, o šio susitikimo scenarijų parašė pats Dievas. Pasirodo, kad ši porelė antgamtiškai žinojo, kad kažkas turi atvykti į tą pačią automobilių stovėjimo aikštelę ir jiems padėti. Mes jiems net nepamokslavome, bet iškart vedėme į atgailos maldą. Vaikinas ir mergina priėmė Jėzų

Kristų kaip asmeninį Gelbėtoją, o tada Dievas davė pažinimo žodį, o mes jiems tarnavome. Jie buvo gerokai pasimetę gyvenime ir jų situacija buvo išties labai sudėtinga. Staiga pasukęs galvą išvydau moterį, einančią į automobilių stovėjimo aikštelę, vežančią paauglę neįgaliųjų vežimėlyje. Šventoji Dvasia tarė: „Palik viską, eik melstis už mergaitę".

Mes su broliu nuėjome prie tos moters ir pasisveikinome, o mūsų draugai ir toliau tarnavo tai porai. Aš paklausiau moters, kas nutiko jos dukrai. Ji papasakojo, kad prieš kelerius metus jie pateko į autoavariją ir nuo to laiko mergina nebegali vaikščioti. Mergaitei buvo 12 metų, o šalia stovėjo maždaug penkerių metų jos jaunesnioji sesutė. Aš pasakiau: „Nesistebėkite dėl mūsų užduodamų klausimų. Mes esame tikintieji ir tarnaujame didžiajam stebuklus darančiam Dievui." Tada papasakojau, kaip tą patį rytą Dievas padarė tikrą stebuklą vieno vyro gyvenime jį visiškai išgydęs. Mačiau, kaip jos akys suspindo iš nuostabos, todėl paklausiau:

– Jei leisite, ar galime pamelsti už jūsų dukrą?

– Žinoma, melskis, jei nori. Tačiau tiek daug tikinčiųjų jau meldėsi už ją ir viskas nesėkmingai: niekas nepasikeitė.

Mačiau, kad moteris buvo atvira, nors pati ir netikėjo, kad jos gyvenime gali įvykti stebuklas.

– Maldų nebūna per daug, – pasakiau jai, – jei Dievas mus siuntė, vadinasi Jis nori padaryti stebuklą jūsų gyvenime.

Mes uždėjome ant mergaitės rankas ir pradėjome melstis. Aš vėl pajutau ugnį, kuri sklido per mano rankas į mergaitės kūną – taip, kad ji net krūptelėjo.

Aš jos paklausiau:

– Ką tu jauti?

– Jaučiu, kaip tarsi elektra šaudo man į kojas.

Mano delnai tiesiog degė, vėl uždėjau ant jos rankas ir pamačiau, kad dabar mergaitei pradėjo drebėti kojos. Ji sušuko:

– Karštis nusileido tiesiai į kojas! Jaučiu ugnį! Ji stiprėja ir stiprėja!

Nuraminau ją pasakęs:

– Tai geras ženklas, dabar pabandykime atsikelti.

Ji įsikibo į mano rankas, o aš ją pakėliau iš vežimėlio. Ji 20 sekundžių stovėjo pati, o paskui vėl įkrito į vežimėlį. Mes ir toliau meldėmės. Mergaitė ėmė šaukti:

– Dar stipriau šaudo į kojas ir dar stipriau jaučiu ugnį...

– Tada vėl bandom kilti.

Aš ją vėl pakėliau, šįkart mergaitė stovėjo apie minutę. Jos kūnas kartkartėmis drebėdavo. Atsargiai paėmęs ją po paranke, tariau:

– Dabar pabandykime žengti.

MES JŪSŲ LAUKIAME IŠTISĄ DIENĄ

Mergaitė visiškai remdamasi į mano rankas pradėjo judinti koją ir žengė mažą žingsnį, paskui kitą... Su kiekvienu nauju judesiu jos žingsniai darėsi vis labiau tvirtėjo. Netrukus paleidau rankas, o ji pati savarankiškai žingsniavo be niekieno pagalbos. Mama ėjo už jos ir, veždama tuščią neįgaliojo vežimėlį, verkė. Verkė ir mažoji sesutė. Aš jų dar kartą paklausiau:

– Ar ji galėjo tai padaryti anksčiau?

– Ne, ką tu? Po avarijos niekada! - atsakė moteris.

Tą akimirką pastebėjau, kad aplink mus, automobilių stovėjimo aikštelėje, renkasi žmonės. Tai suprantama, gatvėje ne dažnai meldžiamasi už žmogų, sėdintį neįgaliojo vežimėlyje. Daugelio žmonių akyse buvo ašaros. Prie manęs priėjo vaikinai iš mūsų komandos ir mes dėkojome Dievui už stebuklą. Žmonės vienas po kito ėmė prašyti melstis už juos. Žodžiu, tą vakarą tiesiogine to žodžio prasme okupavome automobilių stovėjimo aikštelę prie „Safeway" parduotuvės ir beveik iki vidurnakčio tarnavome ten esantiems žmonėms.

Sutemus keliais automobiliais atvyko nepažįstami jaunuoliai. Savo išvaizda jie buvo panašūs į *neformalus*. Prisiartinę prie mūsų, jie kurį laiką viską stebėjo o paskui paklausė:

– Ar mes taip pat galime melstis su jumis?

– O, ar jūs taip pat tikintys krikščionys? – Paklausėme mes.

– Ne, bet mes taip pat esame dvasingi.

Tada jie pradėjo pasakoti, kad jie taip pat tiki ir Dievas, kaip jie sakė, – tai energijos ir dvasių mišinys ir pan. Jie buvo iš „New Age" judėjimo ir buvo pakeliui į festivalį Oregone, o prekybos centro aikštelėje atsidūrė visiškai atsitiktinai.

Tada jiems tarėme:

– Vaikinai, mes tikime, kad Jėzus yra vienintelis kelias pas Dievą. Jis mirė už mūsų visų nuodėmės, kad būtume sutaikyti su Juo.

Jie draugiškai atsakė:

– Taip, mes žinome ir taip pat tikime Jėzų, tikime viskuo, kas antgamtiška.

Panašu, kad jų galvose buvo viskas suplakta į vieną. Mes nesiginčijome ir nieko neįrodinėjome. Galų gale jie patys norėjo melstis, todėl mes pasakėme:

– Melskimės ir prašykime, kad pats Jėzus dabar jums atsiskleistų.

Mes sustojome ratu susikibę rankomis. Šalia manęs stovėjo mergina, kuri elgėsi gan įžūlokai, panašu, kad ji buvo šio jaunimo lyderė. Kai tik pradėjome melstis, per ją ėmė reikštis demonai. Aš paklausiau, kas jai nutiko ir kuo ji užsiiminėjo. Paaiškėjo, kad ji buvo įklimpusi į okultizmą, tada ji ėmė atvirai pasakoti:

– Aš taip pavargau nuo šios būsenos, kažkas mane

kankina ir nuolat jaučiu baimę.

Aš atsakiau:

– Mes galime tave išlaisvinti, bet jei tu nepakeisi savo gyvenimo šeimininko, tai gali tave atvesti į dar blogesnį stovį. Turi pakeisti šeimininką, tau reikia Jėzaus, tik Jis gali padaryti tvarką ir išlaikyti tave šioje laisvėje. Jei sutinki, tuomet priimk Jėzų ir mes melsimės už tave.

Ji sutiko ir nuoširdžiai kartojo atgailos maldą. Tada pradėjome melstis už jos išlaisvinimą. O jos draugai su siaubu žiūrėjo į demoniškas jos apraiškas. Šie vaikinai patys drebėjo maldos metu ir sakė, kad jėga, kuri yra mumyse, yra daug stipresnė už tai, ką jie kada nors yra matę... Dievas visiškai išlaisvino tą mergaitę. Tada mes paklausėme: „Ar kam nors iš jūsų skauda koją?" Vienas vaikinas atsakė: „Taip, man". Mes meldėmės ir Dievas jį išgydė. Kai Dievas ima reikštis ir žmonės susiduria su Dievo realybe, ateina Dievo baimė. Juos apėmė ir baimė, ir šokas dėl visko, ką jie pamatė. Mes liudijome, kad ta jėga ne iš mūsų, o Jėzaus Kristaus, Dievo Sūnaus, ir paklausėme:

– Ar norite atgailauti už savo nuodėmes ir priimti Jėzų į savo širdį?

– Taip! – visi vieningai atsakė.

Tada mes juos vedėme į atgailos maldą, jie išpažino Jėzų Kristų kaip savo Viešpatį. Dievas atėjo į jų gyvenimus ir viską pakeitė. Šlovė Jam!

Atvirai pasakysiu, kad tą dieną as pats buvau ko ne labiausiai iš visų nustebintas Dievo didybės, aš pžinau Jį naujai. Įdomu tai, kad viena iš žodžio „pažinti" reikšmių yra *nustebinti*. Todėl kuo labiau pažįsti Dievą, tuo labiau esi nustebintas Jo. Įsivaizduokite, kad Jam nėra nieko neįmanomo. Jis gali padaryti nepalyginamai daugiau nei viskas, ko mes paprašome ar pagalvojame.

Aš žinau, kad bus žmonių, kurie sakys: „*Andrejau, argi visi pas tave išgyja?*" Ne, dar ne visi, bet aš nenuleidžiu rankų ir nepasiduodu. Paklausykit, aš vis nenustoju tikėti, kad Dievas yra stipresnis, kad Jis išlaisvina, kad Jis yra stebuklus darantis Dievas. Aš vis dar tikiu, kad Jo galia yra manyje. Kai meldžiuosi už ligonį ir kažkas neišgijo, man tai ne nusivylimo akimirka. Tai atkaklumo akimirka!

Dvasios srityje yra kita kalba, kitoks supratmas, kitaip tariant, Dievas mane kviečia ir sako: „*Grįžk į maldos kambarėlį. Skirtingos ligos turi skirtingo stiprumo jėgą, todėl tau reikia daug daugiau jėgos. Todėl dar daugiau praleisk laiko žodyje. Investuok laiką ten, stiprėk dvasioje, kad galėtum įveikti šią negalią dvasiniame pasaulyje, o tada išeik ir pakilk prieš visokią priešo jėgą*".

Tikiu, kad šie ženklai lydės tuos, kurie tiki... Aš vis dar tikiu, kad mes varysime demonus lauk net iš tų žmonių, iš kurių kiti nepajėgė išvaryti. Aš vis dar tikiu, kad žmonės pakils iš neįgaliųjų vežimėlių! Tikiu, kad kojos išaugs, kad suluošinti žmonės, kurie serga nuo pat gimimo, bus išgydyti! Tikiu, kad mirusieji vėl prisikels! Jokia liga negali išstovėti prieš Dievo jėgą! Jūs pasakysite: *kada gi*

MES JŪSŲ LAUKIAME IŠTISĄ DIENĄ

tai bus? Aš sugrįšiu į maldos kambarį, pasidėsiu Dievo Žodį sau prieš akis ir dėsiuosi Jį į širdį, pildysiuosi Jo tol, kol manyje bus daugiau Dievo. Jungsiuos su Šventąja Dvasia, kad Ji gyventų per mane. Mes pasninkausime, melsimės, stovėsime žodyje, o tada žengsime ir nugalėsime kiekvieną „Galijotą". Mes – ta karta, kuri apvers šią žemę, žmonės, kurie *pamišę dėl Kristaus*. Kalbėsime Dievo Žodžius ir padarysime tai, kas neįmanoma. Mes tapsime Kareivių Viešpaties lupomis šioje žemėje ir nemirsime, kol nepamatysime, Dievo karalystės, atėjusios jėgoje!

7 SKYRIUS

NAKTIS, KURIOS NIEKADA NEUŽMIRŠIU

Savo gyvenime mačiau daug stebuklų ir Dievo šlovės liudijimų. Bet man taip svarbu parodyti jums, kad visa tai susiję ne su tarnavimu Dievui, bet kai mes įtinkame pačiam Dievui, nes tarnauti ir įtikti nėra tas pats. Kalbėdami apie tarnystę turime omenyje darbą, kurį darome Dievo ir Jo Karalystės labui. Jūs įtinkate Dievui, kai paklūstate Jam, kada leidžiate Dievui tarnauti per jus.

Gerai, kai žmogus nori ką nors nuveikti dėl Viešpaties. Tačiau yra tiek daug užsiėmimų, projektų, tarnavimų, kurie džiugina žmones, bet juose trūksta svarbiausio – įtikti pačiam Dievui. Ne visi tarnautojai, kurie meldžiasi ir pamokslauja ant scenos įtinka pačiam Dievui. Taip, taip, šiandien daugelis gali kalbėti gražiai, motyvuoti, kurti mega projektus ir judėjimus, tačiau tai nereiškia, kad jie yra visiškai atsidavę Dievui ir vykdo

Tėvo valią. Viešpats gali juos iš dalies panaudoti, tačiau Jo jėgos ir patepimo pilnatvė, skirta jų gyvenimui gali taip ir likti neišlaisvinta, jeigu nebus glaudaus ryšio su Dievu ir paklusnumo Jam kaip Viešpačiui.

Patepimo saikas išlaisvinamas priklausomai nuo paklusnumo lygio.

Būtent dėl šio stovio vyksta kova, nes norint įtikti reikia pažinti Jo balsą, būti jautriam Jam, mokėti sustoti, išgirsti Jo valios, nuolat Jį pažinti ir suprasti, ką Jis nori daryti dabar. Galima nuversti kalnus ir tuo pačiu metu nebūti dėmesingam pačiam Dievui. Aš tiesiog girdžiu savo dvasioje Šventosios Dvasios balsą: *„Nejaugi manai, kad tavo projektai, aukos ir tarnystė Man yra daug svarbesni nei paklusnumas ir vienybė su Manimi? Man taip svarbu, kad būtum su Manimi, girdėtum, atsiduotum Man! Tada Aš galėčiau įvykdyti Savo valią per tavo rankas, kojas, per tavo balsą, tavo gyvenimą."* Pažvelkite į savo vidinius motyvus: *kas tau svarbiau: tarnauti ar įtikti?* Viena pritraukia žmonių dėmesį, o antra – paties Dievo dėmesį!

Man patinka Dovydas, šis žmogus buvo pagal Viešpaties širdį. Jis liko ištikimas iki galo, išpildęs Dievo norus, todėl pats Dievas liudija apie jį: *„Aš radau žmogų, kuris įgyvendins visus mano norus."* (Apd 13, 22). Matau, kad Dovydas kaip karalius nebuvo titulo vergas ir nebuvo karalystės vergas; jis buvo paties Dievo vergas, todėl leido Dievui karaliauti per jį. Šventajame Rašte Dovydas tiksliai atskleidžia paslaptį, kaip jam tai pavyko padaryti: *„Visada mačiau Viešpatį prieš save, nes Jis yra* mano dešinėje, kad nesusvyruočiau." *(Ps 16, 8)* Kitaip tariant, Dovydas sako: „*VISADA buvau dėmesingas Dievui, VISADA laikiau žvilgsnį nukreipęs į Jį, VISADA mačiau Jį prieš save, todėl likau ištikimas Dievui iki galo.*"

Visiškas pasišventimas ir visas dėmesys nukreiptas į Dievą yra mano santykio su Juo tikslas, tada Dievo esybė ir Jo patepimas gali be saiko veikti mano gyvenime. Toks stovis pareikalaus aukų, pasninkų, maldų, buvimo Jame. Tai tavo gyvenimo Getsemanės sodas, kur mirsi sau, kad Dievo prigimtis tavyje išaugtų; tavo dvasia bus palaužta, kad atsirastų vietos Šventajai Dvasiai... Ir kuo daugiau atsiduosi Dievui, tuo labiau Jis atskleis savo esybę ir veiks bei tarnaus per tave. Kai Dievas atliks tarnystę per tave, tu neišvengiamai tapsi Jo didžiosios šlovės ir antgamtinių apraiškų liudytoju. Būtent apie tai noriu su jumis pasidalinti šiame skyriuje ir perteikti tas pamokas, kurių mane išmokė pats Dievas: Jis mokė mane būti labai dėmesingam Jam, neignoruoti Jo balso ir VISADA Jį matyti prieš save.

Pamenu 2002 metais išgyventą antgamtišką susitikimą su Jėzumi: mačiau Jį akis į akį ir Jis įkvėpė į mane Savo alsavimą. Šventosios Dvasios ugnis perėjo per visą mano kūną. Aš negalėjau nustoti drebėjęs ir Jis man pasakė: „*Atėjus laikui, Aš tave pasiųsiu per visą žemę, tu eisi į tautas, tu neši Mano ugnį ir Mano patepimą...*" Buvau labai pakylėtas šios vizijos. Dažnai sapnuose ir maldose matydavau stadionus ir daugybę žmonių, kuriems tarnauju. Supratau, kad Dievas pašaukė mane būtent tokiai tarnystei. Noriu nuoširdžiai pasakyti: labai norėjosi galingų konferencijų ir mega projektų.

Ilgą laiką tarnavau jaunimo pastoriumi bažnyčioje, kur atgailavau ir augau. Bet su nekantrumu laukiau, kada Dievas imsis įgyvendinti šią viziją mano gyvenime. Į mūsų bažnyčią dažnai atvykdavo tarnautojas iš Pietų Afrikos. Mes daug kalbėjomės ir kaskart, kai susitikdavome, jis meldėsi už mane ir pranašavo man, kad Dievas pašaukė mane tautoms. Jis sakė, kad patepimas yra ant manęs ir kad Dievas darys stebuklus ir išlaisvins žmones per mane. Po visų šių pranašysčių jis mane nuolat kviesdavosi į savo šalį rengti *kruzeidus*.

Pamenu, kaip jis eilinį kartą atvyko į Ameriką ir aplankė mūsų bažnyčią. Šis tarnautojas vėl meldėsi už mane, drąsino mane ir vėl kvietė atvykti į Pietų Afriką surengti bendrą *kruzeidą* stadione. Prisipažinsiu nuoširdžiai: tą akimirką aš nesimeldžiau, neklausiau, ar Dievas mane ten mato – žinojau, kad Viešpats pašaukė mane į tokią tarnystę, todėl sutikau ir dar labiau užsidegiau šiuo troškimu. Pradėjome planuoti ir ruoštis. Reguliariai susiskambindavome su šiuo pastoriumi iš Pietų Afrikos, aptardavome renginį ir detales, kaip viskas vyks. Jis pasakojo apie tai, kaip jam sekasi organizuoti, ir aš jam siųsdavau pinigus dar vienam darbo etapui. Visiškai neturėjau jokios patirties rengiant *kruzeidus*, todėl visiškai pasiklioviau šiuo tarnautoju, įskaitant ir finansinius klausimus.

Man šis *kruzeidas* kainavo brangiai, žinoma, aš neturėjau tokių pinigų. Taigi, kai buvau kviečiamas pamokslauti kitose bažnyčiose, naudojausi proga žmonėms papasakodamas apie artėjantį *kruzeidą* Pietų Afrikoje. Aš nuoširdžiai tikėjau, kad Dievas nori ten padaryti didelių dalykų, todėl atvirai kalbėjau apie tai, kuo pats tikėjau ir ko labai pats norėjau. Prisimenu, kaip viename mieste tarnavau trijuose susirinkimuose: ryte, per pietus ir vakare. Žmonės patys eidavo prie manęs ir aukojo pinigus *kruzeidui* – taip buvo padėta pradžia lėšų rinkimui kelionei į Afriką. Grįžęs namo nusprendžiau šiuos pinigus paslėpti savo švarko vidinėje kišenėje, kuris kabojo spintoje. Tą pačią naktį sapnavau sapną: mačiau, kad į mano namus įsiveržė juodaodžiai, apsirengę juodai, jie ėmė raustis kambaryje, apversdami viską aukštyn kojomis. Atrodė, kad jie ieškojo kažko konkretaus. Jie nieko nepaėmė, kol neprisikasė prie spintos su mano drabužiais. Ten jie rado švarką, ištraukė pinigus ir dingo iš mano namų.

Kai tik praplėšiau akis, gavau aiškų žodį, kad būsiu išduotas. Supratau, kad Dievas mane perspėjo, siųsdamas sapną, jog būsiu apgautas per pinigus. Viduje kilo nerimas, bet aš to nesureikšminau. *„Labai noriu, nuoširdžiai trokštu, kad manęs nepavestų, noriu išpildyti Dievo paskirtą man viziją, noriu kruzeido."*

Be to, jau paskelbiau reklamą internete apie Afrikoje vyksiantį *kruzeidą*, į kurį planuojama surinkti 20-25 tūkstančius žmonių. Pasirengimo procesas įsibėgėjo, žmonės jungėsi ir aukojo finansus šiam projektui. *„Aš noriu kruzeido, Dieve, Tu pažadėjai man, Tu tikrai pažadėjai man kruzeidą, kaip pažadėjai Abraomui Izaoką."*

DIDELIS DIEVAS

Po kurio laiko mane pakvietė pamokslauti į dar vieną bažnyčią Vašingtono valstijoje. Aš tarnavau ir meldžiausi už žmones ir vėl žmonės aukojo finansus Afrikai. Tą sekmadienį pravedžiau tris susirinkimus ir buvau toks užimtas, kad likau visą dieną nieko nevalgęs. Kai atsilaisvinau tik vakare, paprašiau savo draugo, kad jis mane nuvežtų kur nors užkąsti. Visur keliavau prie savęs turėdamas mažą rankinę, kurioje tilpo mano Biblija, „iPadas", ir ten laikiau Afrikai surinktus pinigus. Atvykome į restoraną, pavakarieniavome, o tada patraukėme automobilio link vykti į viešbutį. Išėjęs į automobilių stovėjimo aikštelės staiga pastebėjau, kad mūsų automobilyje išdaužtas stiklas. Įdomu tai, kad visi kiti aplinkui stovėję automobiliai liko nepaliesti. Pažvelgėme į vidų: viskas savo vietoje, išskyrus mano rankinę – ji buvo pavogta. Jie pavogė rankinę, o joje buvo visi surinkti pinigai Afrikai! Sustingau vietoje ir akimirksniu prieš akis iškilo sapnas... Tarsi kas būtų mane apipylę šaltu vandeniu.

Įlipau į automobilį ir supratau, kad tai yra jau antras signalas – Dievas vėl man prakalbėjo: *„Andrejau, aš kalbėjau tau į tavo vidų, dabar kalbu iš išorės per situacijas: nedaryk šito!"*

Bet viskas jau pradėta ir aptarta, ir aš tikiu tuo ir labai to noriu!

Vos spėjau grįžti namo, kai pažįstami, net iš kitų valstijų, puolė man skambinti ir siūlėsi padovanoti naują „iPadą", rankinę ir Bibliją. Nežinau, kaip jie apie viską sužinojo, bet per kelias dienas Dievas grąžino man visus pavogtus daiktus. Tai buvo taip nuostabu! Vienintelis dalykas, kuris man iš tiesų rūpėjo – pavogti pinigai. Kad ir kokia būtų suma, tačiau šie pinigai buvo skirti *kruzeidui*. Atėjo laikas krautis lagaminus ir skristi į Afriką. Regimame pasaulyje atrodė viskas klojosi gana gerai. Kartu su manimi skrido nedidelė komanda: video operatorius ir mano bičiulis misionierius. Piniginiai reikalai taip pat susitvarkė: prieš pat skrydį atidariau paštą ir radau čekį tiksliai trūkstamai pinigų sumai. Dievas vis tiek man davė pinigų Afrikai: *"Nori – nagi, prašau."* Ir nors išoriškai viskas atrodė gerai, bet viduje augo nepaaiškinamas nerimas. Aš nežinojau, kas manęs ten laukia, kas laukia manojo "aš".

Atskridome į Pietų Afriką, Johanesburgą, mus pasitiko tarnautojas su savo padėjėju ir iškart paprašė skubiai pervesti tam tikrą pinigų sumą į Durbaną, miestą, iš kurio automobilis gabeno sceną, apšvietimą, aparatūrą ir visą *kruzeidui* reikiamą įrangą. Nuėjome į banką ir bandėme išsiųsti pinigus, tačiau banko sistema neleido padaryti pavedimo. Radome antrą banką, bandėme įnešti pinigus ir juos išsiųsti, tačiau bankas ir vėl atsisakė. Galvoje sukosi įvairios mintys, jaučiau, kaip Dievas uždarinėja duris ir bando mane sustabdyti. Bet ne, aš vis tiek stengiausi daryti, ką nusprendęs, einame į trečiąjį banką, ten nutinka tas pats. Be viso to, kiekvienas bankas bando pasakyti tą patį: *"Mes negalime išsiųsti pinigų, patys nežinome kodėl, bet sistemoje kažkas neveikia."* Galų gale mes vis tiek radome būdą ir per kažkokią kompaniją nusiuntėme pinigus į Durbaną. Kai atidaviau pinigus, pajutau,

DIDELIS DIEVAS

kad lyg susidvejinau viduje: dariau tai, ko nenorėjau...

Kruzeidas turėjo vykti Niukaslio mieste, kuris randasi kelios valandos kelio nuo Johanesburgo. Mes ten atvykome ir aš iškart paprašiau, kad mane nuvežtų į stadioną. Tačiau tas tarnautojas sugalvodavo įvairiausių istorijų ir pasiteisinimų, ir vežiojo mane į kažkokias radijo stotis ir susitikimus. Viskas buvo taip miglota ir nesuprantama.

Kruzeido dienos vakarą mes susilinkome ir galiausiai atvykome į stadioną. Manęs laukė siaubingas vaizdas: nebuvo įvykdytas nė vienas šio tarnautojo pažadas ir niekas nebuvo suorganizuota. Iš viso to, ką planavome ir dėl ko susitarėme nebuvo padaryta net 3% dalies: nei scenos, nei apšvietimo; aparatūra ne ta; ir labai mažai žmonių: gal 100 žmonių iš vietinių miesto bendruomenių. Investuota tiek daug pinigų, laiko, pastangų, pasiruošimo, žmonių pasitikėjimo; internete tiek daug paskelbtos informacijos apie stadione vyksiantį *kruzeidą*, kuriame susirinks 20-25 tūkstančiai žmonių! Ir štai atėjo *kruzeido* diena, o ten nieko nevyko. Net neišlipau iš automobilio, į viską žiūrėdamas supratau, kad mane tikrai pavedė. Šis organizatorius, kuris mane kvietė, priėjo prie automobilio. Aš, pravėręs langą, paklausiau: *„Kas tai???"* Jis keistai pažvelgęs į mane su šypsena veide atsakė: *„Viskas gerai, Andrejau, džiaukis, rytoj bus nauja diena."*

Mano viduje viskas sproginėjo, iš tiesų labai norėjosi išeiti ir gerokai trinktelėti jam ir pasižiūrėti, kaip tada jis džiaugsis. Aš negalėjau suprasti, kaip jis galėjo taip pasielgti su manimi ir kodėl jis taip atsakė. Juk jeigu jis būtų priėjęs prie manęs ir pasakęs: *"Andrejau, atleisk, aš tikrai stengiausi, bet nepavyko."* Jei jis būtų buvęs sąžiningas su manimi, atviras, tai nebūtų buvę taip skaudu! Bet jis net neatsiprašė, o tik labai keistai šyptelėjo ir pasakė: *"Džiaukis, rytoj bus nauja diena."* Vos įstengęs sulaikyti savo emocijas atsakiau: "Tegul Dievas tave laimina." Tada užtraukiau langą ir išvažiavau.

Grįžome į viešbutį. Pakilo tokia stipri audra, jog susidarė įspūdis, kad visos blogio jėgos, esančios tarp dangaus ir žemės, reiškėsi per šią audrą. Pūtė labai stiprus vėjas su tokia liūtimi, kad per vieno aukšto kompleksą, kuriame buvome apsistoję, pradėjo tekėti vanduo. Keliose vietose kambaryje pradėjo lašėti nuo lubų. Patyriau siaubingą demonišką spaudimą, atrodė, kad sukilo visas pragaras. Broliai ramiai miegojo kitoje kambario pusėje, o aš visą naktį kovojau, kovojau su savimi. *"Dieve mano, kaip jie gali miegoti? Nejaugi įmanoma užmigti? Jie dėl nieko nesijaudina. Kodėl visa tai tik ant mano pečių?"* Tai guliausi, tai klaupiausi, tai vaikščiojau po kambarį. Mane gąsdino mintys, kaip reikės pažvelgti žmonėms į akis, nes visi žinojo, kad išvykau į Afriką *kruzeidui.* Mintys man nedavė ramybės: *"Degiau iš gėdos, jie mane išdavė, nieko neįvyko, kaip planuota; Aš neturiu ką pasakyti žmonėms, jie laukia liudijimų, nuotraukų, vaizdo įrašų..."* "Prisimenu, kaip gulėjau, o pro lubas skverbėsi vandens lašas, tada kurį laiką kabėjęs tarkštelėjo – tiesiai man į kaktą. Įdomiausia, kad aš net nekrustelėjau, bet pagalvojau: *"Tegul laša ir tegul stuksena man į galvą, man tas pats..."*

DIDELIS DIEVAS

Man atrodė, kad tai pabaiga: sugadinau visą savo ateitį. Aš šaukiausi Dievo, bet atrodė, kad negaliu prisišaukti. Tą vakarą velnias iš manęs tikrai juokėsi. Girdėjau jo balsą, kuris man tiesiog melavo ir kalbėjo, kad esu nevykęs, kad iš pirmo karto viską prapyliau: *„Tu esi niekas ir vadinti tave nėra kuo, nieko tau nesigavo, nesvajok, sėdėk savo Sakramente, Afrika ne tau, ir tautos ne tau!"* Negaliu paaiškinti, bet atrodė, kad viso pragaro jėgos mane apsupo. Niekada nepamiršiu tos nakties, ji buvo tokia baisi.

Dievas liudininkas, iki aušros kovojau ir negalėjau sumerkti akių. Mano malda buvo tarsi dejonė: *„Dieve, aš pergyvenu dėl žmonių, kurie manimi pasitikėjo, man neramu dėl jų nuomonės, reputacijos, visos tos situacijos ir kaip viskas susiklostys toliau."* Pirmą kartą pajutau besisunkiančius šalto prakaito lašus – tarsi kraujo lašus dėl to beprotiško spaudimo viduje. Supratau, kad Dievas mane buvo perspėjęs, bet aš nepaklusau, Dievas davė man supratimą, bet aš to nepaisiau, nes už visos šios scenos uždangos slypėjo mano „aš" ir mano norai. Tą naktį aš iš tikrųjų išgyvenau Getsemanės sodą. Kovojau su savimi ir visiškai pasidaviau Dievui, todėl viskas manyje lūžo: miriau žmonių nuomonei, geidimui didelių tarnysčių, miriau savo autoritetui, reputacijai, savo vardui...

Išaušus rytui, kai tik pradėjo švisti, pažvelgiau pro langą: audra atslūgo, lietus nurimo, stojo stebėtina tyla. Pažvelgęs į dangų tariau: *„Dieve, atleisk man, kad Tavęs neklausiau, kad ieškojau dėmesio sau, ieškojau tarnystės. Neįsiklausiau į Tave, nesijaudinau dėl to, ką Tu apie mane* galvoji. *Nuo šiol mirštu sau. Pažadu Tau, kad kiek įmanoma būsiu labai atidus Tau. Aš atiduodu save visą Tau. Aš nenoriu kruzeidų, nenoriu išnaudoti Tavęs savo tikslams pasiekti, nenoriu, kad tarnystė būtų mano dievas. Aš noriu, kad Tu visada liktumei mano gyvenimo Dievu ir Viešpačiu, kad paėmęs mane atliktumei Savo darbą per mane. Mirštu sau, žmonių nuomonei, savo reputacijai ir savo vardui..."* Prisimenu, kad pasakęs šiuos žodžius, aš tiesiog pargriuvau ir išsitiesiau ant grindų: *„Dieve, viskas, aš esu visas Tavo!"*

Tiesiog gulėjau ir tapo taip gera, atėjo ramybė. Ramybė atėjo į mano vidų kartu su permainomis ore, kartu su išorinėmis aplinkybėmis. Kai atsikėliau, pasijutau atgijęs. Aš gyvas! Palengvėjo! Man neberūpėjo, ką galvoja kiti. Man nerūpėjo, ar aš vis dar turėsiu *kruzeidus*, ar ne, visiškai tas pats... Tą akimirką aš tariau tarnautojui iš Pietų Afrikos: *„Aš tau atleidžiu, tu davei man gerą pamoką, kad galėčiau visiškai atsiduoti į Dievo rankas ir daugiau nebedaryti tokių klaidų. Aš atleidžiu... Aš tikrai tau atleidžiu."*

Pagaliau aš supratau, kad nereikia padėti Dievui – Jame yra visa jėga, visa vizija, visa išmintis. Mes esame pašaukti būti su Juo ir girdėti Jo balsą, o tarnystė jau yra paklusnumo tam, ką Dievas tau sako, rezultatas. Jis yra visa ko šaltinis, viskas tavo gyvenime priklauso nuo Jo. Jei įsižiūrėtum į Jėzaus Kristaus gyvenimą žemėje, jis nebuvo pašvęstas tarnystei, Jo gyvenimas buvo pašvęstas Tėvui, o Tėvas Savo valią ir tarnavimą vykdė per Jėzų. Nori įtikti Dievui? Visada laikyk nukreipęs visą dėmesį į

DIDELIS DIEVAS

Jį, ieškok Jo veido, leisk laiką su Juo, klausyk, ką Jis sako tau, o ne tai, ką sako žmonės. Tarnavimas niekada neturėtų tapti tikslu.

Noriu kreiptis į visus tarnautojus: Dievas nori naudoti jus ir padaryti didelių dalykų per jūsų gyvenimą, **tačiau sugebėkite išlaukti Dievo, Jam atsiduokite labiau, nei tarnystei**, leiskite laiką su Juo, – ne todėl, kad jums reikia pamokslauti, bet dėl Jo paties. Daugelis tarnautojų bijo, kad ką nors padarę ar nepadarę, praras žmonių palankumą. Turime ieškoti kaip įtikti Dievui, o žmonėms reikia tarnauti.

Aš pasirinkau pašvęsti save Jam, kad Jis galėtų atlikti Savo tarnystę per mane: tarnauti ne raide, o Dvasia. Aš labai noriu įtikti Dievui, noriu Jo žvilgsnio, Jo dėmesio savo gyvenimui, noriu, kad Jis būtų patenkintas manimi, **tiesiog patenkintas manimi**!

Pasigailėk manęs, Dieve. Tebūnie Tavo valia. Aš atiduodu save Tau, nes taip stipriai Tave pamilau. Aš nežinau, kaip viskas bus toliau šiame regimame pasaulyje, bet tikrai žinau, kad mano ateitis yra Tavyje. Tu esi mano uola ir apsauga, Tu esi tvirtas bokštas, į kurį atbėgęs teisusis yra saugus, ačiū Tau, Dievo Dvasia, už visas mano gyvenimo pamokas.

Tą rytą mano gyvenime prasidėjo naujas sezonas, tikrai nauja diena. Tačiau nežinojau, kad netrukus manęs laukia egzaminas: ar tikrai numiriau sau...

8 SKYRIUS

AČIŪ DIEVUI UŽ DIEVĄ

Išaušo nauja diena. Vėl atvykau į tą stadioną, nes turėjau susitikti su vaikinais iš Durbano ir atsiskaityti su jais. Nepaisant to, kad nesinaudojome jų aparatūra, privalėjau būti sąžiningas ir sumokėti už suteiktas paslaugas. Jų vadovas, vadinęs save pastoriumi, padėkojo man tardamas: *„Andrejau, viskas gerai! Kai atvyksi kitą kartą, mes tau viską padarysime nemokamai,"* Aš, žinoma, buvau jam dėkingas už tokį rūpestį, bet nenorėjau nieko girdėti apie Afriką ir apie bet kokius kitus kartus! Taigi sumokėjau jam už kelionę, o likusius pinigus atidaviau už įrangos nuomą. Mes gana draugiškai atsisveikinome ir išsiskirstėme. Aleliuja! Pagal turimų bilietų datas po kelių dienų turėjome išskristi namo.

DIDELIS DIEVAS

Grįžę į viešbutį su broliais svarstėme, kaip leisime likusias dienas Afrikoje. Staiga suskambo mano telefonas. Kai atsiliepiau, paaiškėjo, kad paskambino tas pats pastorius iš Durbano, su kuriuo ką tik atsisveikinome. Jis paklausė:

– Andrejau, kuriame viešbutyje tu apsistojęs?

– Kodėl klausi? – atsakiau.

– Man reikia tave aplankyti.

– Kam? Patikrinti mano dvasinį stovį?

– Ne, mano vaikinai nepatenkinti. Mums reikia dar tokios pat pinigų sumos, kurią jau sumokėjai.

Pasakiau:

– Palauk, aš jau atsiskaičiau su tavimi! *Kruzeidas* neįvyko, nepaisant to, kad nesinaudojau aparatūra, vis tiek už tai sumokėjau, kaip buvo sutarta. Paspaudėme vienas kitam ranką ir su ramybe išsiskirstėme...

– Taip, bet smarkiai lijo – mūsų kolonėlės sudegė. Apskritai mums nerūpi, ką mes ten kalbėjome anksčiau. Mes su vaikinais paskaičiavome ir nusprendėme, kad turi sumokėti mums tą pačią pinigų sumą tiesiog dabar.

Aš pradėjau aiškinti:

– Vaikinai, negaliu, atidaviau viską, ką turėjau. Aš juk ką tik atsiskaičiau, visi buvo patenkinti, mes palaiminome vienas kitą ir išsiskirstėme.

Pokalbyje atsirado įtampa:

– Taip, bet mūsų grupė didelė ir kiti vaikinai labai nepatenkinti. Jie reikalauja, kad sumokėtumei lygiai tiek pat.

Bandžiau išspręsti viską taikiai, bet niekas nepadėjo. Šis pastorius iš Durbano reikalavo pinigų, pasipylė grasinimai. Jis pasakė, kad jie dabar išvyksta ir ketina apvažiuoti visus miesto viešbučius: *„Ir kai mes tave rasime, mes nebeatsakome už save!"* Tai pasakęs jis išjungė telefoną. Ir tada supratau, kad niekas dar nesibaigė, viskas tik prasideda...

Taigi mums buvo grasinama, tarnautojas, organizavęs *kruzeidą*, dingo, likome vieni svetimoje šalyje. Akimirkai apmiriau, bet staiga galvoje šmėstelėjo mintis – mano rankose krikščionio žurnalisto vizitinė kortelė! Sutikome jį atsitiktinai, kai tik atvykome į Niukaslą. Jo vardas Efraimas, jis iš Pakistano, o jo žmona – iš Indijos. Mums susitikus, Efraimas pakvietė į restoraną. Tai buvo vienintelis žmogus, su kuriuo tuo metu buvo malonu leisti laiką. Šis įdomus, Dievą mylintis žurnalistas iš mūsų nieko nereikalavo, neprašė, o tiesiog norėjo pabūti su mumis ir pabendrauti. Jis vienintelis, kuris sumokėjo už mūsų maistą, nes prieš tai mes mokėjome absoliučiai už viską: už kiekvieną žingsnį ir kiekvieną kvėptelėjimą. Efraimas – buvęs musulmonas, jis atsivertė ir priėmė Jėzų; o dabar dirbo žurnalistu, demaskuodamas „Chrislam" judėjimą. „Chrislam" – tai dvi sujungtos religijos: krikščionybė ir islamas. Šio judėjimo pasekėjai ragina atnešti Bibliją ir Koraną į vieną sakyklą, siekdami suvienyti šias religijas ir suteikti taiką pasauliui. Šis judėjimas yra absoliutus demoniškas melas, tačiau, deja, į šią ereziją įtraukta daugybė žmonių.

Per pietus Efraimas užsidegęs dalijosi su mumis savo projektais ir darbais Pietų Afrikoje. Mes kalbėjomės, po to jis man paliko vizitinę kortelę ir pasiūlė pagalbą, jei man jos staiga prireiktų. Jūs tiesiog neįsivaizduojate, kokie nesuvokiami Dievo keliai, kokiu nuostabiu būdu Jis parašo visą mūsų gyvenimo scenarijų!

Pažintis su žurnalistu iš Pakistano buvo būtent Dievo apvaizda, nes kai vaikinai iš Durbano pradėjo mums grasinti, vienintelis, į kurį galėjau kreiptis, buvo Efraimas. Staigiai susiradęs vizitinę kortelę surinkau jo numerį:

– Efraimai, labas! Kaip laikaisi? Mūsų situacija ypatinga...

Kai viską jam papasakojau, jis atsakė:

– Aš tuoj pat tave atvykstu. Greitai susikrauk daiktus. Jie tave susiras.

Lygiai po 10 minučių Efraimas įlėkė į mūsų viešbutį su žodžiais:

– Vaikinai, tučtuojau išvykstame. Šie vyrukai nejuokauja, jie tikrai jus suras!

Įlipome į jo automobilį, iki galo net nesuprasdami, nei kur jis mus veža, nei kas vyksta. Atvykome prie didelio namo, kažkokie žmonės išėjo su mumis pasisveikinti, paaiškėjo, kad tai Efraimo giminės – jo žmonos tėvai. Jie buvo kilę iš Indijos. Namo savininkas taip pat prisistatė pastoriumi. Viskas atrodė taip keistai: mes matome vienas kitą pirmą kartą, o ši šeima taip šiltai priėmė mus į savo namus ir ėmė mus vaišinti. Užsimezgė pokalbis ir mes pasakojome apie tai, kas mums nutiko. Po kurio laiko atvyko šeimininko broliai su žmonomis ir vaikais. Jis turėjo 8 brolius, visi jie buvo gana pasiturintys. Jis taip pat pasikvietė savo geriausią ilgametį draugą Piterį iš Šri Lankos. Taigi mes, susipažinę su visais, sėdome vakarieniauti.

Pabandykite įsivaizduoti šį vaizdelį ir tuo metu mane apnikusius jausmus: prieš tai nesudėjau akių visą naktį, išgyvenęs stipriausią dvasinį spaudimą; *kruzeidas*, kurio taip laukiau, neįvyko; su pinigais mane apgavo; grūmiausi tol, kol visiškai pasidaviau Dievo rankai. Dabar vaikinai iš Durbano ieško mūsų visame mieste, o mes sėdime didžiuliame name tarp indų tautybės žmonių. Šie žmonės surenka visus savo artimuosius ir draugus, prasideda įdomus pokalbis, kuris tęsėsi ilgai, tiksliau, visą naktį. Jie pradėjo mums pasakoti savo liudijimus.

Pasirodo, kad namo savininkas Robertas, būdamas jaunas, kartu su savo draugu Piteriu iš Šri Lankos tiesiog buvo nusikaltėliai. 2005 metais Robertas atsivertė, o Piteris iki pat 2010 metų vis dar buvo susijęs su nusikalstama veikla. Jis buvo pagrindinis *mafijozas* visoje Pietų Afrikoje, turintis didžiausią nelegalaus verslo struktūrą Pietų Afrikoje ir kitose šalyse. Jis visur turėjo savo žmonių, kurie pardavinėjo kokainą.

DIDELIS DIEVAS

Taigi šie du draugai visą naktį pasakojo mums istorijas apie savo kriminalinę veiklą ir kokiai nusikalstamai struktūrai jie priklausė. Tai, ką jie mums papasakojo, buvo nesuvokiama protu: šie vaikinai buvo tiesiog pamišę, jie pardavinėjo narkotikus, mušė žmones, išgalvodavo įvairias apgaulės ir sukčiavimo schemas, apiplėšinėjo bankus. Juos tiesiog be stabdžių nešė per gyvenimą... Be to, namo savininkas pasakojo apie tai, kaip jis dalyvavo visose pasaulio religijose, aplankydavo induistų šventyklas, gyveno vienuolynuose, įvairiose bažnyčiose – ir tik tam, kad vėliau jas apiplėštų. Įsivaizduokite, mes patys ką tik susidūrę su baisia situacija, o dabar gi visą naktį sėdėjome ir klausėmės siaubo filmų, kurie nesibaigė: šie žmonės prisimindavo istoriją po istorijos. Jų žmonos ir vaikai sėdėjo su mumis. Jie visi verkė, prisimindami, iš kokios duobės Dievas juos ištraukė. Robertas pasakojo, kaip prieš penkerius metus atgailavo ir priėmė Viešpatį, po to visa jo šeima pradėjo tarnauti Dievui. Šie žmonės, įkūrę savo įmones, maitino vargstančiųjų šeimų vaikus, ištisą gyvenvietę Afrikoje.

Taip mes visą naktį sėdėjome ir klausėmės siaubingų istorijų, o paryčiais šeimininkai tarė: *„Jūs tikriausiai pavargote, eikite ilsėtis, o rytoj vyksime su jumis melstis ir laiminti visų mūsų verslų."* Mus nuvedė į kambarį, visi sugulėme ant grindų, tačiau, prisiklausę istorijų, niekas iš mūsų nesumerkė akių. Galvojau: *„Mano Dieve, kas yra šie žmonės? Ir apskritai, kas vyksta su mumis?"* Mes pragulėjome keletą valandų vartydamiesi, bet niekas taip ir neužmigo. Man tai buvo antroji naktis iš eilės, kai tikrai negalėjau užmigti!

Tada šie žmonės atėjo mūsų žadinti: „Kelkitės, prašome, mes norime kartu su jumis vykti, kad palaimintumėte visas mūsų kompanijas." Visi aštuoni šeimininko broliai tame mieste turėjo skirtingus verslus. Mes išvykome, jau buvau pasirengęs melstis ir palaiminti visus ir viską, kad tik kažkaip likčiau gyvas ir sugrįžčiau namo pas mylimą žmoną ir vaikus.

Su Robertu keliavome iš vienos vietos į kitą, vėl sutikome jo brolius, žodžiu, prameldėme visus jo verslininkus ir jų verslo biurus. Po visko savininkas man tarė: „Andrejau, aš turiu tave nuvežti į dar vieną vietą. Tai labai nepaprasta vieta, ir aš noriu, kad tu kai ką pamatytumei..." Tuo metu jam paskambino ir jis ilgą laiką su kažkuo kalbėjosi savo gimtąja kalba. Mes kažkur važiavome. Aš sėdėjau priekyje, o du mano draugai sėdėjo gale.

Pamažu kelias ėmė siaurėti, mes išvažiavome iš miesto ir artinomės prie kažkokio miško. Mane apėmė keista nuojauta. „Robertai, kur mes važiuojame?" – paklausiau, o jis visiškai mane ignoruodamas toliau kalbėjo telefonu. Automobilis judėjo lėtai, pakeliui važiavę du musulmonai prisiviję mūsų automobilį spoksojo tiesiai mums į langus. Buvo keista ir kraupu. Kelias darėsi vis siauresnis ir štai jau esame miško glūdumoje, aplink mus tikros džiunglės. Antrą kartą klausiu: „Robertai, kur mes važiuojame?" Jis vėl nekreipė dėmesio į mano klausimą. Aš atsigręžiau: mūsų video operatorius karališkai miegojo, o mano draugas misionierius įsitempęs žiūrėjo į mane. Susižvalgę vienas į kitą, mes patikrinome telefonus – ryšio nebebuvo, nes apie 15 minučių važiavome per miško glūdumą. Mes turėjome tik tarptautinį ryšį, todėl mūsų telefonai neveikė, o šeimininkas naudojosi vietiniu ryšiu ir visą laiką kalbėjo telefonu, tarsi su reikalais.

Visa tai atrodė taip keista. Ėmė lįsti įvairios mintys: *„O kas jei viskas bus ne taip, kaip atrodė? Ką reikės daryti, jei šie vaikinai neatsivertę? O jei tai tik masalas? Toje šalyje grobia žmones, turinčius Amerikos pasus: amerikiečiai atvežami į miško glūdumą, juos pririša ir reikalauja milžiniškos pinigų sumos už išpirką. O jeigu tai jų atidirbta schema? Gal vakar jie tik apsimetė tikinčiaisiais, bet iš tikrųjų yra nusikaltėliai?"* Kokios tik mintys man neatėjo į galvą. Supraskite – kai paklausi vieną kartą, du, tris... penkis, o žmogus tave ignoruoja... Nejaugi taip sunku atsakyti? Pamačiau, kad jis sąmoningai nekreipia dėmesio. Baisiausia, kad supratau, jog man reikia ką nors daryti ir gelbėtis. Bėgti. *Bet kaip?..*

Pirmą kartą per visą savo krikščionišką gyvenimą kilo mintis: *„Dabar tai jį išjungsiu: tik reikia tai padaryti vienu smūgiu ir bėgti, kol mums tikrai nieko blogo nenutiko!"* Pažvelgiau į draugus. Pagrindinis dalykas – veikti greitai, todėl galvoje pradėjau kurti strategiją, kaip ir kur jam trenksiu, kaip šoksiu iš automobilio ir nešiuos per mišką. Tada turėsiu kažkaip pasiekti oro uostą. Jaučiau, kad dabar tuoj tai įvyks: sekundė viena kita ir smogsiu. Vienintelis dalykas, kuris mane stabdė – kairė ranka, nes iš dešinės jau būčiau lupęs, o vožti kaire man tikrai nepatogu. Jo automobilyje vairas yra dešinėje, o aš sėdėjau kairėje pusėje. Bet visgi tramdžiau save, nes suvokiau, kad kaire silpnai smūgiavęs nepajėgsiu iš karto jo iškirsti.

Tą akimirką važiavome link skardžio, kelias baigėsi: priekyje nuo skardžio tekėjo vanduo. Robertas sustabdė automobilį ir toliau kalbėjo telefonu, panašu, kad jis tik stūmė laiką kažko laukdamas. Žiūriu – mums iš kairės apgriuvęs namas, kaip Afganistane, kur kankinami belaisviai. Paklausiau paskutinį kartą:

– Robertai, kas tai? Ką mes čia veikiame ir ko laukiame?

Bet jis nereagavo. Pagalvojau: *„Gal tai namas, kuriame jie laiko nelaisvėje žmones? Jis sustojo laukti savo draugo Piterio iš Šri Lankos, buvusio mafijozo. Dabar jis atvažiuos su savo žmonėmis ir mes visi tapsime belaisviai šiame name."*

Sėdžiu ir suprantu, kad tai paskutinis mano šansas: iš stovinčio automobilio bus lengviau iššokti ir pabėgti. Tą akimirką mano širdis tikrai pradėjo daužytis... Sukaupiau jėgas, sugniaužiau kumštį – vošiu į barzdą – suprantu, kad tuoj pat tai padarysiu. Staiga Robertas padeda telefoną, pasisuka ir sako:

– Ar žinai, kokia tai vieta?

Drebančiu balsu atsakau:

– Dabar nieko nežinau.

Jis man sako:

– Čia yra mirties vieta.

Tada apstulbau ir pagalvojau: *"Va čia tai bent, ir kodėl aš dar tavęs dar neišverčiau? Tu man atvirai kalbi apie savo ketinimus?"*

Tada Robertas pridūrė:

– Taip, čia yra mirties vieta... Tai yra prakeikta mūsų miesto vieta, kurioje visi pagrindiniai okultistai ir burtininkai atlieka ritualus. Čia žmonės žudosi beveik kiekvieną dieną. Ant šių medžių žmonės kariasi, nuo šių skardžių daugelis metasi į upę, čia kiekvieną dieną kas nors miršta! Dėl šios vietos mūsų mieste beprotiškas mirtingumas.

Jis tęsė:

"Aš jus čia atsivedžiau, kad šiandien melstumėtės už mūsų miestą ir nutrauktumėte visokį prakeiksmą.

Žiūriu į jį išplėstomis akimis ir galvoju: *"Dieve mano, kas būtų buvę, jei būčiau jam vožęs?"* Jūs neįsivaizduojate, kaip giliai atsidusau. Dėkojau Dievui, kad Jis mane sulaikė nuo to, ką ketinau daryti, ir pagalvojau: *"Ačiū Dievui už Dievą..."*

Taip, brangieji, tai buvo pati karščiausia malda už Afriką! Kaip tada aš norėjau už viską atsigriebti! Oi, kaip aš ištaškiau visą savo energiją prieš visas piktas dvasias, esančias tarp dangaus ir žemės. Aš sunaikinau visus užkeikimus, prakeiksmus, mirties dvasią; meldžiausi ir variau lauk visus šiuos demonus į kairę ir į dešinę. Trumpai tariant, mes taip karštai meldėmės, kad Robertas tikriausiai pagalvojo: „*Tai bent pateptieji broliai!*" Bet jei tik jis būtų žinojęs, ką tada išgyvenau ir kas įkvėpė man tokią maldą...

Taigi po maldos Robertas pasakė:

– Gerai, einame gerti arbatos!

Džiaugsmingas ir laimingas jis užvedė mašiną ir mes riedėjome atgal:

– Aleliuja, prakeiksmas sugriautas!

O aš mąsčiau: „*Andrejau, tavo smegenys vos neperdegė...*"

Kai grįžome į jo namus, jautėmės tarsi būtume sugrįžę namo į mylinčio Dievo Tėvo rankas. Ši šeima tarnavo mums kaip angelams. Jie pasirodė tokie dievobaimingi žmonės, mylintys Dievą, jie mus taip pagerbė, padėjo viskuo, o paskui nuvežę į oro uostą, palaimino ir išsiuntė namo.

Sunku apibūdinti, bet atgal skridau tarsi visai kitas žmogus. Lėktuve daug svarsčiau ir kartojau: „*Užteks! Per ateinančius 10 metų nekalbėkite man nieko apie Afriką, net neminėkite šio žodžio prie manęs!*" Bet Dievas tikriausiai juokėsi iš šio mano pareiškimo, nes nepraėjo nei 6 mėnesių ir aš vėl atsidūriau Afrikoje, skelbdamas Karalystės Evangeliją. Bet šį kartą viskas buvo suplanuota

DIDELIS DIEVAS

Dievo. Sugrįžus man namo, Viešpats suvedė mane su tinkamais žmonėmis ir visur lydėjo. Tų pačių metų rugsėjį aš jau pravedžiau *kruzeidą* Tanzanijoje (Afrika), kur susirinko daugybė tūkstančių žmonių ir buvo apreikšta Dievo šlovė ir begalė stebuklų.

Toks įspūdis, kad buvau per plauką neišlaukęs to, ką buvo žadėjęs Dievas, – neišlaukiau savo Izaoko, bet savo jėgomis ir sugebėjimais pradėjau gimdyti Izmaelį. Izmaelis buvo Abraomo strėnose būtent taip mes savo jėgomis padedame Dievui ką nors pagimdyti. Tą akimirką Abraomas nepaklausė Dievo, ar jis turėtų susijungti su Hagara, tiesiog jis **pamatė progą ir pasikliovė savo sugebėjimais bei Dievo duotu pažadu**. Manau, kad Dievas leido visa tai įvykti mano gyvenime, kad galėtų paimti mano „Izmaelį": mano „aš", mano norus, mano išdidumą, žmonių nuomonės baimę – visa tai mirė ten, Pietų Afrikoje, tą Getsemanės naktį, kurią praleidau viešbutyje.

Tikrai žinau, kad Dievas mane pašaukė į Afriką, bet aš paskubėjau. Atsiradus galimybėms, aš neklausiau Dievo apie tai, bet ėmiausi Jam talkininkauti. Velnias bandė mane sustabdyti per neigiamą patirtį, kad daugiau niekada nesugrįžčiau tarnauti į Afriką. Dievas leido viskam įvykti, kad nustočiau remtis savo sugebėjimais. Dvasine kalba sakant, Dievas turėjo ištraukti šį „Izmaelį" iš manęs, kad galėtu ateiti „Izaokas".

Pagaliau pasiekiau tokį stovį, kad visiškai pasidaviau Dievo rankoms ir priėmiau sprendimą visam laikui: **aplink mane nėra kaltų!** Ši visiškos priklausomybės nuo

AČIŪ DIEVUI UŽ DIEVĄ

Dievo būsena man padeda iki pat šios dienos išlaikyti visą dėmesį nukreipus į Jį, įtikti Jam, pasitikėti Juo ir girdėti Jo balsą.

Niekada neregėsime mums nepasiekiamų aukštumų, jeigu neleisime Dievui pakelti mus į šias aukštumas, o pirmas dalykas, su kuriuo Jis turi reikalą – mūsų išdidumas, mūsų „Izmaelis", mūsų „aš", kurio taip tvirtai laikomės. Pasišventimas mums kainuos viską, tai pareikalaus mirti sau. Tikrai žinau, kad Abraomas taip pat turėjo vietą, kur Dievas palaužė jo dvasią, tada jis leido Dievui būti savo gyvenimo Viešpačiu. Tai rimta. Kokiu saiku matuosite, atiduodami save Dievui, tokiu saiku Dievas atseikės jums.

Juk Jis yra mūsų didžiausias atlygis! Kai mes visiškai atiduodame save Dievui, mes Jam įtinkame ir Jis tarnauja per mus. Tikiu, kad kiekvienas iš mūsų savo gyvenimo pabaigoje nori išgirsti žodžius: *„Tai buvo žmogus pagal Mano širdį, kuris įvykdė visus Mano norus."*

Galiu pridurti tik viena: **ačiū Dievui už Dievą!!!**

9 SKYRIUS

KAS JŪS TOKIE?

Ar gali pasakyti, kad Dievas yra patenkintas tavimi? Biblijoje sakoma, kad Šventoji Dvasia liudija mūsų dvasiai... Ar turi Jo liudijimą, kad Jis tavimi patenkintas?

Jei nustojai ieškoti Dievo ir degti dėl Jo, tai nustosi gauti atlygį ir pažinti bei suprasti viską, kas ateina iš Dievo: Jo balsą, veiksmus, Jo stebuklus; nustosi gauti apreiškimus apie tai, kas yra Dievas. Laiške hebrajams sakoma: „*Bet be tikėjimo neįmanoma įtikti Dievui; Kas artinasi prie Dievo, tam būtina tikėti, kad Jis yra ir Jo ieškantiems atlygina.*" *(Hbr 11, 6)* **Dievas atlygina tiems, kurie Jo ieško.** Todėl skirtumas tarp tarnaujančių Dievui ir netarnaujančių Jam laikui bėgant vis labiau išryškės. **Pamačiau, kad pats didžiausias Dievo atlygis yra pats**

DIDELIS DIEVAS

Dievas tavo gyvenime! Tai Jo realybė ir Jo artumo buvimas kiekvieną dieną.

Pamenu, kaip prieš kelerius metus su komanda išvykome evangelizuoti į Meksiką, į Santa Rosalia de Camargo miestą. Mus pakvietė vyskupas Fredis, jis buvo pagrindinis viso renginio iniciatorius ir organizatorius.

Kelias nebuvo lengvas, į tą miestą mikroautobusu per visą Meksiką važiavome daugiau nei parą. Kai pagaliau atvykome, mus pasitiko kell pastorlai ir jų pasisveikinimas skambėjo taip: *"Čia nerealu rengti evangelizaciją. Kas jūs tokie? Jums nepavyks, galit net nesistengti. Mes nesuprantame, kodėl vyskupas Fredis apskritai jus pakvietė, juolab kad jūs esate labai jauni..."* Po to į mūsų viešbutį atvyko dar du tarnautojai, jie kalbėjo tą patį: *"Kas jūs tokie? Jums čia nieko nesigaus..."* Pamatyti tokią reakciją ir išgirsti jų tiesmukus pareiškimus buvo labai nemalonu. Panašu, kad jie visai nenorėjo mūsų matyti.

Po pietų mus aplankė pats vyskupas Fredis. Jis mus padrąsino ir papasakojo daugiau apie savo miestą. Įsivaizduokite, ten evangelizacijos nebuvo daugiau nei 50 metų! Mieste tvyrojo labai sunki dvasinė atmosfera: nesantaika, netikėjimas, sąstingis, labai stipriai išvystytas raganavimas; be to, pats miestas buvo apsuptas okultistų gyvenviečių. Gal tai ir buvo pagrindinė priežastis, kodėl bažnyčios nebendravo tarpusavyje. Aš nekalbu apie skirtingas konfesijas, bet net ir sekmininkų judėjimo bažnyčios tarpusavyje neturėjo bendrystės. Nepaisant

KAS JŪS TOKIE?

viso to, vyskupas Fredis kiekvieną rytą meldėsi už prabudimą: jis važinėjo po miestą savo automobiliu ir meldė Dievo, kad Jo ugnis ir Šventosios Dvasios judėjimas ateitų į jo miestą. Vyskupas Fredis tai darė diena iš dienos ištisus 15 metų!

Kartu su juo savo kambaryje mes sulenkėme kelius prieš Dievą ir meldėmės: *„Viešpatie, Tu atvedei mus čia neatsitiktinai. Tu turi Savo planus, todėl mes Tavimi pasitikime. Kai aplinkui tiek netikėjimo ir kritikos, kai jie mums kalba: „Tai neįmanoma", mes ir toliau tikime Tavimi. Mes tikime, kad būtent šiame mieste Tu nori apreikšti Savo šlovę ir atnešti prabudimą, priešingai nei skelbia visi žmonės!"*

Evangelizacijai buvo išnuomota patalpa, esanti miesto centre. Vos įėję į salę pastebėjome, kad tarp daugybės susirinkusių žmonių ypač išsiskyrė vietinių bažnyčių tarnautojai: jie ramstė galinę sieną, iš nepasitenkinimo sukryžiavę rankas. Viso tarnavimo metu jie stebėjo mus, o jų akyse buvo galima perskaityti: *„Kas jūs tokie? Jums nieko nesigaus."* Tačiau jau pirmojo susirinkimo metu Dievas stipriai lietė žmones: daugelis atgailavo ir buvo išgydyti... Bet visa tai vyko jaučiant didžiulį slėgimą ir spaudimą.

Kitą dieną matėme tą patį vaizdą: tarnautojai stovėjo ten pat ramstydami sieną, sukryžiuotomis rankomis ir visiškai nedalyvavo tarnavime. Tik vyskupas Fredis mums padėjo visaip drąsindamas. Jis stengėsi padaryti viską, kad mums viskas pavyktų. Šis žmogus turėjo didžiulę tėvišką širdį – širdį, kuri degė dėl Dievo. Jis troško matyti Dievo judėjimą savo mieste.

Atrodytų, kad tarnavimas antrąjį vakarą buvo palaimintas: dar daugiau žmonių atgailavo, tada mes daug meldėmės už šeimas, už išlaisvinimą, išgydymą ir atstatymą. Tačiau nemačiau radikalių pokyčių ir akivaizdžių stebuklų, tarsi kažkas būtų sulaikęs Dievo atėjimą.

Paskutinę evangelizacijos dieną miesto meras mums davė leidimą pravesti pamaldas centrinėje miesto aikštėje. Susirinko daugybė žmonių, mes šlovinome ir aukštinome Dievą, tačiau, nepaisant viso to, vis dar jaučiau stiprų dvasinį pasipriešinimą, net pamokslauti buvo sudėtinga. Taip pat ten buvo įvairių konfesijų ganytojų ir tarnautojų, tačiau jie nedalyvavo. Jie tiesiog atėjo pasižiūrėti, kuo viskas baigsis.

Visas tris dienas matydavau vieną žmogų, sėdintį neįgaliojo vežimėlyje, jis buvo atvežtas prie scenos ir paliktas mano kairėje. Aš gerai jį prisimenu, nes jis vilkėjo tą patį rudą megztinį. Šis žmogus visą laiką atidžiai klausėsi žodžio, tačiau niekas nevyko. Aikštėje jis vėl buvo atvežtas ir paliktas kairėje scenos pusėje. Baigdamas pamokslauti, pajutau, kad Šventoji Dvasia ėmė liesti šį žmogų, sėdintį neįgaliojo vežimėlyje. Tą pajuto ir mūsų broliai, tą pačią akimirką jie pribėgo prie jo ir ėmė kelti jį iš vežimėlio... Staiga jis atsistojo ant kojų, žengė žingsnį, po to antrą... ir tada pradėjo bėgti... Jis bėgiojo per visą aikštę! Kilo toks džiaugsmas! Vyras toliau bėgiojo, o mūsų broliai aukštai pakėlė neįgaliojo vežimėlį ir pastatė aikštės viduryje, kad visi žmonės jį matytų. Tai buvo neapsakomas vaizdas! Ir aš pagalvojau: *„Tai stebuklas,*

KAS JŪS TOKIE?

kurio mes laukėme visas šias dienas! Viešpats apsireiškė!!!"

Negalėjau net įsivaizduoti, kad tą pačią akimirką įvyko žymiai didesnis stebuklas: baptistų bažnyčios pastorius pribėgo prie vyskupo Fredžio. Ašarodamas jis puolė ant jam kaklo prašydamas: *"Atleisk man! Atleisk už mano netikėjimą! Atleisk už mano požiūrį į tave... Aš netikėjau stebuklais. Maniau, kad jie baigėsi apaštalų laikais. Jei nepažinočiau šio žmogaus asmeniškai, niekada nebūčiau patikėjęs. Niekada! Šis vyras daug metų negalėjo vaikščioti – aš tai tikrai žinau! Tai, kas įvyko dabar, galėjo padaryti tik Didis Dievas."* Tada baptistų pastorius iš visų jėgų ėmė šaukti: *"Didis Dievas! Didis Dievas! Didis Dievas!"*

Tada vienas po kito kiti tarnautojai pradėjo eiti prie vyskupo Fredžio: tai buvo skirtingų konfesijų bažnyčių vadovai, kurie mus stebėjo visas tris dienas. Jų akyse taip pat buvo ašaros... Tai buvo antgamtiškas Dievo nužengimas, didžiausias stebuklas, kurio vyskupas Fredis laukė ir už kurį meldėsi kiekvieną dieną. Tarnautojai apsikabinę verkė ir pirmą kartą per visus šiuos metus draugiškai pakilo į sceną, susikibę rankomis ėmė vieningai šlovinti Dievą ir melstis už Santa Rosalijos miestą. Pamatęs šią sceną, aš kritau ant kelių ir verkiu prieš Dievą: *"Dieve, Tu esi aukščiau visko! Dėkoju, kad leidai man pamatyti Šventosios Dvasios galią, kuri gali padaryti tai, ko neįstengė padaryti nei vienas žmogus. Kur du ar trys susirenka Tavo vardu, ten Tu ateini ir parodai Savo šlovę tarp jų."* Tai buvo pati didžiausia pergalė tame mieste!

Atėjus vienybei tarp tarnautojų, dangus dar labiau

atsivėrė. Dar ilgai po vidurnakčio tarnavome žmonėms, dėdami rankas ant kiekvieno įsakėme ligoms bei netyrosioms dvasioms išeiti. Tą naktį per Šventosios Dvasios jėgos antgamtinį nužengimą vyko daugybė nuostabių stebuklų! Šlovė Jam!

O kitą rytą vyskupas Fredis atvyko į mūsų viešbutį. Jis tiesiog spindėjo laime. Kai susėdome pusryčiauti, jis pasakė, kad 6 valandą ryto, kaip įprasta, vėl apvažiuodamas miestą meldėsi už jį. Pirmą kartą per 15 metų jis pajuto, kaip stipriai mieste pasikeitė dvasinė atmosfera. Su ašaromis akyse Fredis tęsė: „*Pajutau, kad įvyko proveržis, dėl kurio taip ilgai meldžiausi. Aš toks dėkingas Viešpačiui už viską, kas įvyko. Dabar viskas bus kitaip ir šis miestas priklausys Jėzui! Ačiū, kad jums, kad nepaisant nieko, jūs atvykote ir tarnavote mums.*"

Praėjus metams po šios kelionės, paskambinau vyskupui Fredžiui. Man buvo įdomu, kaip viskas vyksta dabar ir ar pastoriai bendrauja tarpusavyje. Fredis atsakė: „Mes ne tik bendraujame, bet ir kiekvieną mėnesį renkamės maldai ir kartu pravedame mieste evangelizaciją."

Kaskart kai prisimenu dvasinį proveržį, įvykusį Santa Rosalijos mieste, manyje vis labiau pakyla ir įsitvirtina tikėjimas, ir aš meldžiuosi: „*Dieve, net kai visi nustoja tikėti, aš nukreipiu žvilgsnį nuo žmonių, nuo to, kas ką daro ar nedaro. Grįžtu į Tavo Žodį, prie Tavo pažadų. Aš ir toliau tikėsiu!*" Aš pagautas Dievo realybės ir to, kaip Dievas veikia: *suteikdamas gyvybę mirusiesiems ir iš nebūties pašaukdamas būti dalykus.* Tai dažnai prieštarauja žmogaus logikai ir protui, nes regimajame pasaulyje to nėra arba tai neįmanoma, tačiau tai nereiškia, kad to nėra dvasiniame pasaulyje. Todėl mes turime matyti Dievo tikrovę ir toliau Juo tikėti.

Įsivaizduokite Nojų, tiesos skelbėją, kuris tikėjimu įgyvendino būsimos kartos realybę ir viziją. Juk tame amžiuje nebuvo lietaus, žemė buvo laistoma rasa. Nepaisant kritikos, spaudimo ir logikos, Nojus kūrė tai, kas įvyks tik ateityje. Jis pradėjo konstruoti arką, kuri vėliau išgelbėjo jį ir visą jo šeimą. Biblijoje sakoma, kad tą dieną, kai Nojus baigė savo darbą ir įžengė į laivą, staiga į šią fizinę realybę įsiveržė kita realybė ir Nojus tapo naujos eros tėvu. Skirtumas tarp žuvusių žmonių ir Nojaus – jo tikėjimas Dievu.

Toliau matome Abraomą: fiziškai jam su Sara buvo nerealu susilaukti sūnaus, turint 100 metų. Tačiau rašoma, kad Abraomas **nesusvyravo** dėl Dievo pažadų, **nenusilpo** tikėdamas ir **nelaikė** savojo kūno apmirusiu. Dievas kalbėjo apie jį: *"Argi aš slėpsiu nuo Abraomo, ką žadu tuojau daryti, žinodamas, kad Abraomas taps* **didele** *bei* **galinga** *tauta ir kad visos žemės tautos ras jame palaiminimą? Juk aš išrinkau jį, kad galėtų pamokyti savo vaikus ir savo būsimą šeimą laikytis VIEŠPATIES kelio, darant kas teisu ir teisinga, idant VIEŠPATS galėtų įvykdyti Abraomui, ką Jis yra jam pažadėjęs." (Pr 18, 17-19)* Dievo troškimas buvo turėti žemėje žmonių, kurie vykdytų Jo valią, vykdytų teisumą ir teismą. Tik pagalvokite, iki Abraomo tokios kartos žmonių nebuvo!

Laiške hebrajams 11 skyriuje matome visą tikėjimo judėjimą: Abelis, Enochas, Nojus, Abraomas Mozė, Samuelis, Dovydas... – tai buvo mūsų tikėjimo tėvai, kurie užkariavo karalystes, vykdė teisumą, sulaukė pažadų išsipildymo, užčiaupė liūtų nasrus... Jie ir toliau tikėjo Dievu ir tuo, ką Jis pažadėjo jiems, todėl per juos į šią žemę atėjo naujas Dievo judėjimas! Mes turime mus supantį tokį debesį liudininkų! *Ar žinote, ką Dievas pažadėjo mūsų kartai?* Laiške hebrajams, 11-ojo skyriaus pabaigoje, parašyta apie mus: *„...nes Dievas geresniuosius dalykus buvo numatęs mums, kad jie ne be mūsų pasiektų tobulumą."* Ar manote, kad jie nesusidūrė su pasipriešinimu ir kritika? Dar ir kaip!

Yra dalykų, kuriuos man Šventoji Dvasia atskleidė apie mūsų kartą: pirmoje Samuelio knygoje 1-4 skyriuose pasakojama apie laiką, kai pranašas Samuelis dar buvo vaikas. Dievo namuose buvo labai kebli „bažnytinė" padėtis: Elis buvo kunigas, *„...o Elio sūnūs buvo niekšai. Jie nepaisė nei VIEŠPATIES, nei kunigų pareigų žmonėms. Taigi tų jaunų vyrų nuodėmė VIEŠPAČIUI buvo labai didelė, nes jie išniekino atnašas VIEŠPAČIUI.."* (1 Sam 2, 12-17). Jie buvo tarnautojai! Tai, ką šie jaunuoliai darė žmonių akyse, neatrodė nei mirtina, nei pavojinga, tačiau Dievo akyse tai buvo baisu! Šiandien, kaip ir Elio laikais, žmonių akyse nelaikoma yda: pasididžiavimas, šiek tiek apgaulės, siekiant pasipelnymo, pataikavimas ir veidmainystė – tai priimama kaip normalus dalykas, tačiau Dievas to nekenčia! Nekenčia! Esu tikras, kad šie jaunuoliai tokie tapo ne per naktį. Viskas prasideda nuo mažų

KAS JŪS TOKIE?

dalykų, kuriuos žmogus praleidžia savo gyvenime užmerkęs akis ir tuo nuodydamas save vis labiau. Kol galiausiai pasiekiamas toks stovis, kai tai, kaip atrodai žmonių akyse, ima jaudinti labiau, nei kaip įtikti Dievui.

Tokie buvo Elio sūnūs: jie buvo pašventinti į kunigus, bet patys neturėjo asmeninio santykio su Dievu. Jie neieškojo ir nepažino Jo asmeniškai, nevykdė savo, kaip kunigų, pareigos žmonėms, be viso to, jie tarnavo Dievo namuose. *Nejaugi tai įmanoma?* Deja, taip buvo. Ši tarnautojų grupė savo atsainumu atitraukė Dievo žmones nuo aukojimo Viešpačiui. Ši nuodėmė buvo didelė Dievo akyse!

Nenoriu priekaištauti nei vienam tarnautojui, tačiau daugelis, gindami bažnyčios tradicijas, tiek mažai skiria laiko pažinti patį Dievą ir Jo valią šiam laikui. Kunigai – tai Dievo balsas žemėje, jie turėtų kalbėti ne apie šią fizinę realybę, bet skelbti Dievo tikrovę, idant tauta nesikankintų. Šiandien mes sudievinome bažnyčios sistemą ir bažnyčios tvarką labiau, nei patį Dievą! Iškilo tiek išdidumo, ambicijų, tiek titulų, tiek dėmesio tam, kas užima kokį bažnyčios postą... Turiu pasakyti ką Dievas sako Savo Žodyje: *„Kadangi tu atmetei pažinimą, atmesiu tave kaip Savo kunigą."(Oz 4, 6)*. Kunigai duoti žmonėms kelti jų tikėjimą, o ne naikinti, jie duoti tarnauti žmo-nėms, o ne išnaudoti žmones. Tauta žūsta dėl pažinimo stokos!

Tai labai rimta. Brangieji, aš nieko neteisiu, neturiu tam teisės; tiesiog perduodu tai, ką man atskleidė Šventoji Dvasia: Dievas *teis šią bažnytinę sistemą, nes Jis – pavydus Dievas*. Daugybė bažnyčių išstūmė Jo buvimą, o

DIDELIS DIEVAS

paskui ir Šventosios Dvasios dovanas, nes atsirado jų pačių bažnytinė programa, nuostatai ir darbotvarkės, o Šventosios Dvasios veikimui susirinkimuose nebeliko vietos. Supraskite, aš esu pirmasis už tvarką sekmadienio pamaldose, bet atėjo laikas iš tikrųjų atverti akis ir tapti sąžiningiems prieš Dievą. Susirinkimai gali atrodyti nuostabiai: gera muzika, poezija, giesmės, įkvepiantys žodžiai... *O kur Dievo buvimas? Kur Dievo šlovė? Kur yra Šventosios Dvasios judėjimas? Ir kam buvo sukurta pati bažnyčia?*

Nesvarbu, kiek mes melstume ir prašytume: *„Dieve, veik!"*, Jis neveiks ten, kur Jam neduodama vietos! Juk Dievo jėga reiškiasi per Jo dovanas. Dievas sako: *„Aš veiksiu ten, kur aktyvuotos mano dovanos. Jūsų sienos Manęs nesulaikys, jei Man ten nebus vietos: eisiu į gatves, kryžkeles, kelkraščius ir patvorius pas nusidėjėlius ir muitininkus ir paskutinieji taps pirmieji."* Todėl gatvėse ir aikštėse matome jaunus žmones, kurie pamokslauja, išvaro demonus, meldžiasi už ligonius... Bet šiems vaikinams ir merginoms nėra vietos bažnyčiose, jie ten nepriimami.

Toliau dar blogiau. Oi, kaip aš nenoriu viso to užkabinti! Tačiau dėl pinigų tarnautojai eina į tokius kompromisus, kad sunku apie tai kalbėti: *„Prie ko čia – įtikti Dievui, svarbiausia, kad dešimtinės ir aukos plauktų... Svarbiausia, kad verslininkai yra... Svarbiausia kad talentingi žmonės dalyvauja..."* Ne, ne jie yra svarbiausi! Svarbiausia, kad ateitų **Šventoji Dvasia!** *Priešingu atveju, kam visa tai? Kur yra Dievas? Kur Jo stiprybė? Kur dangaus tikrovė?*

KAS JŪS TOKIE?

Ne kartą patys tarnautojai man prisipažindavo: „Mes žinome, kad reikia kažką keisti, bet viskas nuėjo per toli, kad nebegalime... NEBEGALIM!" *Kodėl?* Nes yra dėdė Jonas ir dėdė Petras – jie nesupras! Nejaugi tai taip svarbu dabar? Brangieji, turime grįžti prie tikėjimo šaltinio! Mums reikia Šventosios Dvasios ir Dievo gyvybės! *Koks skirtumas, kad jie nesupranta?* Šiandien jie nesupras, bet rytoj ateis ir pasakys: „Melskis, nes Dievas yra su tavimi, nes yra atlygis." Keiskime viską, kad įtiktume Dievui, o ne kai kuriems dėdėms.

Pastaruoju metu man taip dažnai skambina jaunimas ir tarnautojai, prašydami pagalbos, ir aš girdžiu vieną ir tą patį: bažnyčios skaldosi, jaunimas masiškai išeina, vienur problemos, kitur draudimai, dar kitur – engimas – tai vyksta tiesiog visur. Problema ta, kad daugelis bažnyčių nepastebi, kaip Dievas kelia naujus lyderius, tačiau bažnyčios vadovybė iš viršaus jiems neduoda praėjimo. Jie patys to nedaro ir kitiems neleidžia. Daugelis jaunų žmonių tiesiogine prasme įstrigę... ir tokia situacija išplitusi visose šalyse. Vieną dieną išėjau pabūti vienas ir tiesiog meldžiausi: *„Dieve mano, kas vyksta, ką mums daryti?"* Ir išgirdau Jo atsakymą: *„Mano Sūnau, Aš esu pavydus Dievas, Aš teisiuos su šia bažnytine sistema. Jų programa išstūmė Mano Dvasią, Man nebėra vietos. Todėl šiandien auginu Savo atsakymą ir pakelsiu Savo judėjimą šioje žemėje."*

Kunigui Eliui vadovaujant, kai Dievas norėjo išsaugoti viziją, Jis niekam nieko nebandė įrodyti, o tiesiog

DIDELIS DIEVAS

išaugino Samuelį, kuris visą Izraelį sugrąžino pas Viešpatį. Dievas matė visą bažnyčios situaciją ir ieškojo žmogaus, per kurį būtų galima pradėti naują Dievo judėjimą. Jis surado Aną, kuri meldėsi ir pašventė savo sūnų Dievui: *„Jei duosi man sūnų, aš Tau jį atiduosiu."* Dievas atsakė į jos maldą ir davė jai sėklą ne dėl jos, o dėl visos izraelitų tautos. Dievas žinojo, kad per visus kompromisus, per viską, kas bus užnuodyta, kai nėra tikėjimo, stebuklų, Šventosios Dvasios judėjimo, daug korupcijos, kai netikintys yra daug sąžiningesni už tikinčiuosius... viso šio chaoso metu pakils Dievo pranašas ir atgręš žmones į Viešpatį!

Esu labai dėkingas už tikruosius maldininkus mūsų laikais, kurie nepasiduoda ir iš tikrųjų stovi prieš Dievą: *„Dieve, pakelk šiandien jaunus žmones, pakelk tikrąjį Šventosios Dvasios judėjimą! Mes nenuleidžiame rankų! Taip, regimajame pasaulyje to dar nėra, bet mes stovime prieš Tave maldoje, Tu žadėjai paskutiniu metu išlieti Savo dvasią..."* Daugelis tokių žmonių nesupranta, bet būtent jie maldoje dvasiniame pasaulyje pasėja tai, kas gimsta fiziniame pasaulyje!

Dievas atsako į maldas ir augina šiandien naują pranašiško judėjimo kartą viduje bažnyčios. Tikiu, kad atgimimas neatsiras iš išorės: jis jau vyksta ten, kur Dievo judėjimas kyla Kūne, kur kyla „Samueliai", kurie tarnauja Viešpačiui. Taip, jie auga pas Elį, bet parašyta, kad tarnaujant Eliui, Samuelis tarnavo Viešpačiui. Jo dėmesys buvo sutelktas ne į tai, ką daro kiti kunigai, o į patį Dievą! Todėl jis grąžino visą Izraelį pas Viešpatį, kad tik

KAS JŪS TOKIE?

Viešpats būtų garbinamas ir **Jam vienam būtų tarnaujama!** Girdžiu, kaip Dievas pranašiškai kalba mūsų kartos Samueliams ir Eliams. Jei, skaitant šias eilutes, aplink save krikščioniškame pasaulyje matai tiek daug puikybės, melo, finansinių machinacijų, manipuliavimo, ambicijų, neteisybės (tai gali daryti kunigų pareigas einantys žmonės), nekritikuok ir nesmerk jų, atitrauk savo žvilgsnį nuo viso šito. Niekur nerandu, kad Samuelis būtų tuo užsiėmęs, matau, kad jis ir toliau tarnavo Viešpačiui. Pats Dievas užsiims tuo, o tu ir toliau tarnauk. Dievas žino ir mato, kas vyksta, todėl nemurmėkite prieš juos, nesipiktinkite jais Viešpaties akivaizdoje. Jei ir toliau tarnausi Dievui – atsakymas ateis per tave. Tik nekalbėkite negatyviai apie tarnautojus. Prašau neteisti jų, Dievas nesu-teikė tau teisės tai daryti.

Noriu kalbėti žmonėms kaip Elis, kuris turėjo savo kunigų komandą, kurie buvo jo giminės ir sūnūs. Elis matė, kad jie elgiasi neteisingai, bet nieko nedarė. Daugelis man atsakytų: *"Mes suprantame, kad turime kažką keisti, bet* **nebegalime to padaryti!***"* Dievas jums sako: *"Jeigu jūs pasikliausite Manimi, Aš suteiksiu jums jėgų, duosiu jums patepimą ir supratimą, kaip tai padaryti."* Tik su nuoširdžiu Dievas elgsis nuoširdžiai: kai atgailausite ir tiesą vadinsite tiesa, melą vadinsite melu, kontrolę – kontrole, o manipuliavimą – manipuliacija... tada Šventoji Dvasia jums tikrai duos strategiją. Tik Jo strategija bus ne jūsų programa, o Jo vizija. Nedarykime iš bažnyčios spektaklio, grįžkime pas Viešpatį, į tikrąjį garbinimą,

DIDELIS DIEVAS

kad įtiktume pačiam Dievui. Aš tikrai žinau, kad Dievas per jus gali padaryti dar tiek daug!

Vieni turi kažką keisti, o kiti – tęsti.

Atėjo laikas iš tiesų įtikti Dievui! Todėl pakelkite akis, iš kur ateina pagalba. Pažvelkite: laukai pribrendę. Aš meldžiu Dievo malonės, kad mūsų tikėjimas taptų veiksmingas. Turime prisiimti atsakomybę. Tegul fizinės akys sakys, kad to nebuvo 100 metų, bet tikėjimas sakys: tai užgims per tave, jei tvirtai stovėsi. Gali būti šio judėjimo dalimi, net jei to nebuvo 100 metų, tai gali prasidėti per tave ir mane! Aš tuo tikiu, todėl ieškau Dievo, išeinu į vienumą, pasninkauju, meldžiuosi, esu pasirengęs paaukoti viską. Aš raginu tave ir toliau laikyti žvilgsnį nukreipus į Dievą, į Jo žodį, į Jo pažadus! Nesustok! Dek! *„Pasitikėk Manimi, būk stiprus ir drąsus, nepajudinamas. Tęsk!"*

Kai Dievas matys tavyje ištikimybę, Jis sujungs tokius pat žmones kaip tu visoje žemėje. Iš Dievo gavau ir priėmiau, kad šiandien Jis kelia prabudimo tėvus, augina ištisą Dievo judėjimą, kuris išplis per visą žemę. Susivienysime ir pamatysime, kaip bus pakeista Amerika, Europa, Lietuva, Rusija, Ukraina! Mes dėl to padarysime viską. Taigi dek ir neužgesk! Viešpaties šlovė ateis per degančią tavo gyvenime ugnį ir apims visą žemę. Žinau, kad tokių tikėjimo žmonių bus labai daug!!!

Dieve, imk mane, aš visiškai atsiduodu Tau. Noriu tikėti tuo, kuo nustojo tikėti kiti. Aš pasirenku tikėti Tavo

KAS JŪS TOKIE?

*vizija. Tu sakei, kad **ne be mūsų** įvesi į tuos tobulus dalykus... Tu tai paruošei mums, kad mes papildytume liudytojų gretas – tikėjimo žmonių!*

Jaučiu Dievo žvilgsnį, kaip Jis tiesiog dabar ieško visoje žemėje žmonių, kurie pasakys: „Štai aš! *Imk mane, atnešk prabudimą per mano gyvenimą.*" *Kas yra šitie žmonės?* Dievas jų ieško ir atskiria juos sau, šiandien Jis užantspauduoja žmones paskutiniam didžiajam derliui.

Noriu melstis už tuos, kurie skaito šias eilutes, kuriems Dievas ne žaidimas, kurie atiduoda savo kūną ir savo norus, kad Dievas galėtų per juos padaryti didelių dalykų, kuriuos Jis pažadėjo:

Dievo Dvasia, paliesk šiuos žmones ten, kur jie yra dabar. Tau neegzistuoja nei sienos, nei ribos nei atstumas. Tu alsuoji, kur nori. Nuženk į šią vietą, tegul Šventosios Dvasios ugnis pripildo kiekvieną žmogų, kuris save atskiria Tau. Šventoji Dvasia, tavo vardas Ruah – nuolatinis Dievo alsavimas, nuolatinis gyvenimas. Tegul Tavo kvėpavimas ateina į kiekvieną situaciją. Meldžiu, kad visos Šventosios Dvasios dovanos jų gyvenime būtų aktyvios. Duok jiems išmintingą širdį, taurią dvasią ir platų mąstymą. Suvienyk juos ir vesk ir toliau į visišką atsidavimą pačiam Dievui. Jėzaus Kristaus vardu!

10 SKYRIUS

UGNIS MANO KRŪTINĖJE

„Brangioji Šventoji Dvasia, trauk mus prie Savęs, kad Jėzaus atvaizdas vis labiau atsispindėtų kiekviename iš mūsų ir mes, įsitvirtinę Tavo **tiesoje**, galėtume sugriauti visus šėtono **melus** ir darbus!"

Dievas, kuriame nėra jokių ribų, viso, kas regima ir neregima Kūrėjas, Kuriame visa amžinybė, visi atsakymai, visa tiesa, gyvenimas, visa jėga – mumyse per Šventąją Dvasią. Pabandykite įsivaizduoti: priėmę Šventąją Dvasią jūs priėmėte Dievo prigimtį. Bet noriu pabrėžti, kad tai, ką priimame į savo dvasią iš Dievo, ateina sėklos pavidalu. Dievo žodis sėjamas kaip sėkla. Sėkloje yra visa Dievo karalystės pilnatvė ir potencialas. Kai dirva tinkama, ši sėkla augdama apima visą tave. Kai Šventoji Dvasia nužengė ant mūsų, mes priėmėme galią, bet gavome ją sėklos pavidalu. Jos jėga auga mūsų gyvenime ir veikia per mus. Ji neturi ribų, tik mes patys galime ją apriboti. Per Šventosios Dvasios pažinimą mes **einame iš jėgos į jėgą, iš šlovės į šlovę.** Aš pagautas! Todėl man visada rūpėjo dvasinis augimas. Yra tiek daug sričių, kuriose dar nebuvome Dieve, Šventojoje Dvasioje.

Bet tiek kartų girdėjau man sakant: *"Andrejau, ko tu nori iš mūsų? Kiekvieną sekmadienį einame į bažnyčią, meldžiamės ryte ir vakare, net rankas pakeliame šlovindami, nupirkome būgnus... Kas gali būti daugiau?"* Apšvietimas, tiesos pažinimas, virsmas į Jėzaus atvaizdą, Dievo pašaukimo išpildymas šioje žemėje. Aš ir toliau apie tai kalbėsiu garsiai, nes taip degu, kad Jėzaus Kristaus Bažnyčia pakiltų jėgoje ir valdžioje kaip Eklezija, tam, kad atskleistų Dievo karalystę ir dangaus tikrovę šioje žemėje!

Prisimenu, kaip naktį per „Karalystės teritorijos" mokyklą, kurią kasmet rengia mūsų tarnavimas, išgyvenau sukrečiantį nakties regėjimą. Dievas atvėrė mano dvasines akis ir aš pamačiau daug stovinčių tikinčiųjų, po to pamačiau, kad po viršutiniu žemės sluoksniu raitosi labai daug gyvačių. Žmonės to net neįtarė, jie buvo užtikrinti, kad stovi ant tvirto pagrindo. Aš pradėjau jiems šaukti: „Po jūsų kojomis gyvatės!" Bet jie atsakė: „Ne, viskas gerai, ten nieko nėra". Aš vėl šaukiau: „Ne, po jūsų kojomis gyvatės!" Žmonės nereagavo į mano žodžius. Tada paėmęs kastuvą pradėjau kasti žemę ir iš visur ėmė lįsti gyvatės. Išvydę gyvates, visi ėmė paniškai blaškytis, o aš šaukiau: „Nebėkite, jums suteikta galia priešintis!" Dalinau žmonėms kardus ir tada jie sugrįžę į savo vietas pradėjo naikinti šias gyvates.

Šventoji Dvasia man paaiškino, kad gyvatės reiškia melą. Šiuolaikinėje krikščionybėje daug dalykų iš pažiūros atrodo padoriai, viskas apvilkta religija, tačiau po visu tuo slepiasi melo dvasia. Velnias įstengė apgauti žmogų per mintis, mąstymą, pasinaudodamas melu jis gavo priėjimą prie tikinčiojo gyvenimo. Melas turi didelę jėgą, tuo ir naudojasi šėtonas. Jis nepasirodo su ragais ir uodega, jis pasirodo šviesos angelo pavidalu panaudodamas melo ir apgaulės jėgą – tai jo stiprioji pusė.

Supraskite, jokia netyroji dvasia neturi valdžios tikinčiam žmogui, kad ir kokią stiprią demonišką jėgą turėtų; bet jei tu neaugdamas pažinimu ir nelavindamas dvasinių įgūdžių pasilieki kūdikiu, tada labai paprasta tave apgauti ir panaudoti prieš tave jėgą.

Maža to, kad tikintieji ne tik nesinaudoja savo turima valdžia, bet ir siaubingai bijo demonų bei bet kokių jų pasireiškimų. O kad pateisintų savo bejėgiškumą daugelis laikosi tokio požiūrio: *svarbiausia nekliudyti velnio, tada jis tavęs nekliudys, o dar geriau – elgtis taip, tarsi jo nebūtų.* Mes kažko nesupratome, kažką sumaišėme, todėl krikščionybė šiandien silpna: bijome demonų, bijome bet kokios priešo jėgos, vengiame dvasinių temų, kurios susijusios su valdžia ir išlaisvinimu, o jei jau ir paliečiame jas, tai nebegalime užmigti iš baimės. Mums suteikta valdžia, bet mes bijome velnio, nes padarėme jį didesnį už Dievą. Deja, dažną kartą tai sklinda per tarnautojus. Šiandien iš sakyklos girdisi mokymai, pagrįsti ne užbaigtu Jėzaus darbu, bet sumaišyti su žmogiškąja patirtimi.

Jėzus aiškiai pasakė: "Štai aš suteikiu tau **galią** trypti gyvates ir skorpionus bei **VISĄ** priešo jėgą, ir niekas tau nepakenks." (Lk. 10, 18-19) Joks demonas neturi legalios teisės dominuoti tikinčiojo gyvenime. *Ar velnias gali atakuoti tikintįjį?* Gali. Mūsų atsimainymo procese, žinoma, gali nutikti bet kas: gali liga užklupti, dvasinis pasaulis gali sulaikyti sėkmę ir palaiminimus. Bet mums duota galia atpažinti, pasipriešinti ir pašalinti tai iš savo gyvenimo. Be viso to dar pažadėta, kad niekas mums nepakenks. Atkreipkite dėmesį, kad visoje Dievo ginkluotėje nerasime ginklo, apsaugančio nugarą. *Ar žinote kodėl?* Dievo nenumatyta, kad atsuktume priešui nugarą ir atsitrauktume – nuo to tikrai stipriai nukentėtume. Todėl savo gyvenime priešą smūgiuok tol, kol jį sunaikinsi. Nesvarbu, koks stiprus jis būtų, jis neturi teisių į tave, nes tu turi sūnaus valdžią.

O dabar noriu visa tai pagrįsti Biblija.

Pirma, dvasiniame pasaulyje velnias ir jo demonai turi jėgą, tačiau kiekvieno jų ji ribota. Pradžioje Dievas nekūrė velnio, jis sukūrė Liuciferį – tai buvo spindintis cherubas, turėjęs konkrečią užduotį Dievo karalystėje (Ez 28,14). Pagal jo užduotį jam buvo suteikta jėga. Lygiai taip pat ir visos kitos sutvertos būtybės turi jėgą. Netyrosios dvasios, demonai, šio amžiaus tamsos valdovai, valdžios, kunigaikštystės, dvasinės blogio jėgos dangaus aukštumose – visa tai yra tamsos karalystės hierarchija, turinti skirtingus jėgos lygius (Ef 6, 12). Taigi velnio ir demonų jėgą riboja jų prigimtis ir funkcija.

Antra, kad veiktų žemėje, Liuciferiui reikėjo ne tik

UGNIS MANO KRŪTINĖJE

jėgos, bet ir **valdžios**, kurią jis įgijo apgaulės būdu. Per žmogaus nuopuolį į žemės teritoriją atėjo šėtono valdžia. Tačiau šėtonas valdžią turėjo tik iki kryžiaus!

Štai tiesa: kai Jėzus mirė ir buvo prikeltas, Jis **nuginklavo** kunigaikštystės bei valdžias, viešai jas pažemino, triumfuodamas prieš jas ant kryžiaus (Kol 2,15). Mato evangelijoje 28-ame skyriuje Jėzus pasakė: „*Man duota visa valdžia danguje ir žemėje.*" (Mt 28, 18). Po to Jis grąžino savo Bažnyčiai, tiksliau, Dievo sūnums, jėgą, kurią prarado pirmasis Adomas: „*Štai aš tau duodu galią trypti gyvates ir skorpionus bei visą priešo galią, ir niekas tau nepakenks.*" (Lk 10, 18-19)... Kitaip tariant, Jėzus savo Bažnyčiai pasakė: „*Aš suteikiu jums valdžią ir jėgą prieš visokį melą, mirties galią ir kiekvieną priešo jėgą – pasipriešinkite ir išvalykite žemės teritoriją Dievo karalystei!*" Todėl demonų išvarymas – tai ne tik išlaisvinimo tarnystė, tai Dievo sūnų atsakomybė žemėje, tai yra mūsų misija.

Apaštalų darbų knygoje galite rasti svarbų galios ir valdžios principą: „*Panašiai ir kai kurie keliaujantys žydų egzorcistai mėgindavo piktųjų dvasių apsėstiesiems prišaukti Jėzaus vardą, sakydami: „Aš jus saikdinu per Jėzų, kurį skelbia Paulius."* Taip darė vieno žydų vyresniojo kunigo Skėvos septyni sūnūs. Bet piktoji dvasia jiems atšovė: „Pažįstu Jėzų ir žinau Paulių. O jūs kas būsite?" Ir žmogus, turįs nelabąją dvasią, **užpuolė juos**, apgalėjo vienus bei kitus ir taip nutąsė, jog jie nuogi ir sužaloti turėjo bėgti iš anų namų.*" (Apd 19, 13-16) Tuo metu buvo labai praktikuojama magija ir Rytų religijos, žmonės vaikėsi jėgos, todėl jie netgi atėję pas Petrą siūlė jam pinigus mainais už jėgą.

Atkreipkite dėmesį tai, kad Paulius visur ėjo ir skelbė Dievo karalystę, o jo pamokslai buvo ne įtikinantys žodžiai, bet **jėgos ir dvasios pasireiškimas**: jis varė lauk demonus ir gydė ligonius. Šie religingi žmonės, kunigo Skėvos sūnūs, matė jėgą ir taip pat nusprendė Jėzaus vardu išvaryti demonus. Tačiau demonai jiems atsakė: *"Mes pažįstame Jėzų, ir Paulius mums žinomas, o kas jūs?"* – tai lemiantis momentas! Tiesa yra ta, kad priėmus Jėzų kaip savo asmeninį Gelbėtoją, Jis sugrąžino mums Dievo sūnų identitetą: *"...Visiems, kurie Jį priėmė, Jis davė galią tapti **Dievo vaikais** – tiems, kurie tiki Jo vardą, kurie ne iš kraujo ir ne iš kūno norų ir ne iš vyro norų, bet iš **Dievo užgimę.**"* (Jn 1, 12-13). Mes esame Dievo sūnūs šioje žemėje, ir kaip Dievo sūnūs turime **valdžią velniui!**

Paulius turėjo teisėtą padėtį **Jėzuje**, jis buvo apsivilkęs Jėzumi, o šie žmonės, Skėvos sūnūs, net nebuvo gimę iš aukšto, nebuvo apsaugoti, Jėzus nebuvo jų. Todėl šie broliai neturėjo dvasinės galios demonų valdžiai, o dvasinio pasaulio demonai taip pat tai žinojo ir matė! Velnias turėjo legalią teisę į šiuos žmones, todėl jiems pradėjus varyti demonus, šie panaudojo tokią stiprią jėgą, kad nuplėšę drabužius sumušė tuos brolius. Įsivaizduokite siužetą: septyni vyrukai lekia per miesto gatves nuogi ir sumušti:

– *Kas jūs?*

– *Mes nebežinome.*

– Ką jūs padarėte?

– Demonus išvarinėjome...

Šiandien bažnyčioje daugelis žmonių taip trokšta būti pagerbti regimajame pasaulyje. *Bet kas tu esi dvasiniame pasaulyje? Ar dvasinis pasaulis tave žino?* Man svarbu, ar dvasinis pasaulis mane žino, ar jis žino mano padėtį, galią ir valdžią, kuri man suteikta Dieve.

Siųsdamas savo mokinius pamokslauti, Jėzus suteikė jiems ne tik valdžią, bet ir jėgą. Atkreipkite dėmesį į tekstą esantį Luko evangelijoje: *"Pasikvietęs dvylika savo mokinių Jėzus suteikė jiems **jėgą ir valdžią** prieš visus demonus ir gydyti ligoms."* (Lk 9, 1) Tai dar vienas reikšmingas momentas: **svarbu ne tik valdžia, bet ir dvasinė jėga!** Todėl prieš paėmimą į dangų Jėzus pasakė: *Aš perdaviau jums visą valdžią žemėje, o dabar laukite, kas pažadėta Tėvo! "Kai ant jūsų nužengs **Šventoji Dvasia**, jūs **gausite jėgos** ir tapsite mano liudytojais."* (Apd 1, 8) Jėga, kurią gavome Šventojoje Dvasioje, išvis neribota. Jei demonų jėga yra ribota, tai jėga, kurią mes priėmėme dėl valdžios, kurią turime kaip sūnūs, neribota. Bet po to jau yra tavo augimo Šventojoje Dvasioje klausimas!

Kartą skaitant Apaštalų darbų knygą Dievas mane sustabdė tardamas: *"Jei galėtum dvasinėmis akimis matyti, kiek žmonių dvasiniame pasaulyje šiandien yra nuogi ir sumušti."* Tiesiog pamačiau pranašišką prasmę: kai neturime Dievo jėgos, tuomet dvasiniame pasaulyje esame nuogi ir sumušti melo. Apaštalas Paulius rašo:

„turime būti rasti apsirengę, kad nepasirodytume esą nuogi." (2 Kor 5, 3)

Viskas ko reikia velniui – apgauti ir suformuoti neteisingą mąstymą, kad žmogaus gyvenimas būtų veikiamas demoniškų jėgų. Jeigu tu neaugi pažinimu ir nelavini dvasinių įgūdžių, tada tave labai lengva apgauti. Supraskite, kad negalime likti kūdikiais.

Atgimimas iš aukšto yra tavo dvasinio kelio pradžia, o toliau būtina augti Dieve ir mokytis vaikščioti Jėzuje. Daugelis žmonių to nepaiso. Todėl, deja, dvasiniame pasaulyje turime tokį vaizdą: demonai ir visa dvasinė hierarchija turi jėgą, nors ir ribotą, tačiau jie neturi teisės ja naudotis žemėje; o daugelis tikinčiųjų priėmę valdžią, neturi užtektinai jėgos, kad išvarytų demonus, nes jie neauga nei kaip Dievo sūnums suteikta valdžia, nei Dievo jėga. Štai jums paradoksas: *vieni turi jėgą, nors ir ribotą, bet neturi valdžios, kiti turi valdžią, tačiau neužauga jėga.*

Valdžia – Dievo sūnų identitete, jėga – Šventojoje Dvasioje.

Dieve yra augimo etapai ir *„kol paveldėtojas vaikas, jis niekuo nesiskiria nuo vergo, nors ir yra visko šeimininkas."* (Gal 4, 1) Turiu sūnų, jo padėtis suteikia jam visą valdžią namuose, tačiau mano sūnus dar mažas, todėl dėl savo amžiaus jis negali naudotis valdžios jėga. Dievas laukia, kol jo sūnus užaugs ir prisiims atsakomybę. Kai sūnus auga, jis, priklausomai nuo savo brandos lygio ir amžiaus, pradeda naudotis valdžia. *Kaip stipriai jūs to norite?* Kuo labiau augsi, tuo labiau įstengsi nugalėti bet kokią priešo jėgą.

Susirūpinkite savo dvasiniu stoviu, kad kasdien augtumėte Dieve ir būtumėte susijungę su Šventąja Dvasia. Šventoji Dvasia nėra jėga, bet Šventojoje Dvasioje – Dievo jėga, todėl kuo daugiau artumo su Šventąja Dvasia, tuo labiau pasireiškia Jo jėga ir Dievo prigimtis. Kai susivienijame su Juo, mes transformuojamės į tą patį pavidalą. *Ką man reiškia vienybė su Šventąja Dvasia?* Tai dvasios ryšys su Dievu, kai slaptame kambarėlyje vienas su Juo praleidžiate laiką. **Bet tiesa ta, kad turėti Šventąją Dvasią ir būti susijungus su Šventąja Dvasia nėra tas pats!** Daugelis Dievo atžvilgiu bijo vartoti frazę *„intymūs santykiai"*, tačiau apie tai rašo apaštalas Paulius: „Tas, kuris susivienijo su Viešpačiu, yra viena dvasia su Viešpačiu." (1 Kor 6,17) Susivienijimas su Dievu reiškia susiliejimą į vieną, kai Dievo Dvasia ir žmogaus dvasia susijungia į vieną visumą dvasios lygmenyje.

Supratau, kad įmanoma eiti į bažnyčią, bet neturėti artimo ryšio su Dievu. Daugelis žmonių mano, kad klausydami pamokslo, jie turi asmeninį santykį su Dievu. Tai netiesa! Jei klausotės pamokslų, giedate bažnyčioje ar dvasioje meldžiatės eidami į darbą – tai yra būtina, ir tai puiku, tokiu būdu jus save ugdote, bet tai ne bendravimas. Tačiau Susijungimas ir artimas, gilus santykis su Šventąja Dvasia tai visai kas kita.

Asmeninį santykį su Dievu aš iškėliau kaip savo gyvenimo prioritetą. Todėl skiriu laiko kiekvieną dieną bendravimui su Juo. Tokiu metu aš neklausau pamokslų ar šlovinimo giesmių, atsijungiu nuo išorinio pasaulio, kad visos mintys būtų sutelktos į Jį ir Jo Žodį. Laukiu tyloje, tol, kol įeisiu į Jo poilsį, ir tiesiog skaitau Žodį, kuris man atskleidžia Jo Asmenybę. Aš Jį pažįstu ir mokausi Jį išgirsti. *Ar sugebi mėgautis Juo tyloje? Ar girdi Jo balsą savo viduje?*

Mūsų stiprybė yra vienybėje su Šventąja Dvasia. Šiame procese jūs neabejotinai būsite pakeisti į Jėzaus atvaizdą, Jo jausmai atsiras jumyse. Jo esybėje yra Jo stiprybė, jūs patys pajusite, kaip Dievas jus kelia ir jūs įgyjate vis daugiau Jo jėgos ir valdžios: kai atversite lūpas, žodis liesis nebe iš jūsų – jis veršis iš Dievo esybės. Visas dvasinis pasaulis matys ne tave, o Dievo Sūnų per tave. Dvasinis pasaulis girdės ne tavo, bet Dievo prigimties balsą, todėl reaguos į tavo pasakytą žodį.

Pamenu, kai po konferencijos Redinge pradėjau organizuoti gatvės evangelizacijas. Buvau jaunimo pastorius ir bažnyčioje subūriau didelę jaunimo komandą. Šeštadieniais mes išeidavome į miestą praktikuoti savo tikėjimą liudydami apie Jėzų ir melsdamiesi už ligonius. Vienas šeštadienis buvo ypatingas. Pasiskirstę į mažas grupes, išvykome į skirtingus miesto taškus. Aš su broliais nuvažiavau į centrą. Liudijome praeiviams ir keletą valandų meldėmės už juos.

Grįždami atgal praėjome po tiltu, kur paprastai vaikšto daugybė žmonių, ir pradėjome kilti į nedidelę kalvą. Priešais mus leidosi dvi moterys, viena iš jų sėdėjo neįgaliojo vežimėlyje, o kita ją vežė. Moteris, esanti neįgaliojo vežimėlyje, buvo apraizgyta medicininiais vamzdeliais. Mes skubėjome – net negalvojau sustoti. Tačiau prasilenkdamas su jomis staiga pajutau, kaip Šventoji Dvasia atkreipė mano dėmesį į vežimėlyje esančią moterį ir tarė: „*Melskis už ją.*" Tai buvo sekundės dalis: staiga sustojau, pasilenkiau prie moters ir tariau: „Sveiki!" – ji iš nuostabos krūptelėjo, bet paskui pasisveikino. Tada pasakiau jai, kad esu tikintis... Ji pertraukė mane ir sušuko:

– Aš taip pat esu tikinti!

Aš atsakiau:

– Aš tikiu Dievu, kuris daro STEBUKLUS!

– Aš taip pat tikiu Dievu, kuris daro STEBUKLUS, – atsakė moteris.

Tada tęsiau:

– Žinote, jei jūs tikite stebuklais ir aš tikiu stebuklais, tai jei mes susitarsim kartu – stebuklo išvengti nepavyks! Dievas tikrai apsireikš!!! Ar galėčiau pasimelsti už jus?

Ji atsakė:

– Nagi, melskis!

Panašu, kad vežusi ją moteris buvo slaugytoja, ji man tarė: „Kam melstis už ją – ji turi tiek ligų, kad sveikos vietos nebėra." *Na, tada, Aleliuja, tuo labiau melskimės.*

DIDELIS DIEVAS

Nukreipiau dėmesį ne į didžiulę jos ligų puokštę, o į gydymo galią!

Mes su broliais uždėjome rankas ir pradėjome melstis, staiga moteris sušuko: „Ugnis mano krūtinėje! Ugnis mano krūtinėje!" Įdomiausia, kad aplink mus vėl kaip tada stovėjimo aikštelėje susirinko minia žmonių. Moteris vis kartojo: „Ugnis mano krūtinėje!" Tada aš pasakiau:

– Jei jaučiate stiprią ugnį, tuomet laikas lipti lauk iš vežimėlio.

Ji nebuvo paralyžiuota: su stuburu ir kojomis viskas buvo gerai, tačiau ji turėjo kitų ligų ir negalavimų, kurie neleido normaliai gyventi, todėl ji buvo apraišiota vamzdeliais, o kai kurie balionai ir jutikliai kyšojo iš už neįgaliojo vežimėlio. Dar kartą pažvelgusi į mane ji pradėjo plėšti nuo savęs visus vamzdelius: iš nosies, iš burnos, iš rankų... O slaugytoja stabdydama ją paniškai rėkė:

– Ką tu darai! Ar jūs netekote proto? Palauk, dabar tau bus galas...

Bet moteris nesiklausė ir atsakydama tik šaukė:

– Ugnis mano krūtinėje! Nebegaliu daugiau būti su šiais vamzdeliais!

Ji nuplėšė juos visus ir numetė ant žemės, tada stryktelėjo lauk iš neįgaliojo vežimėlio ir pradėjo visa krūtine giliai kvėpuoti, po to judėti, šokinėti, bėgioti, visą tą laiką kartodama: „*Ugnis mano krūtinėje...*" Mes džiaugėmės kartu su ja ir dėkojome Dievui, po to paprašėme jos telefono numerio ir paklausėme, ar galime jai paskambinti. Norėjosi sužinoti, kaip ji jaučiasi po kurio laiko. Tada mes atsisveikinome ir išsiskirstėme kiekvienas į savo namus...

Po dviejų savaičių prisiminiau ją ir surinkęs jos numerį paskambinau. Išgirdusi mano balsą, moteris labai apsidžiaugė: „*O, rusakalbis vaikinas! Prieš dvi savaites meldeisi už mane. Aš noriu, kad tu skubiai pas mane atvyktumei!*" Tai pasakiusi, ji padiktavo savo adresą. Pasiėmęs su savimi keletą brolių nuvažiavau į susitikimą.

Atvykę nurodytu adresu, pamatėme Biblijos mokyklą, kur vyko užsiėmimai. Ten buvo daugybė studentų. Kaip paaiškėjo, ši moteris buvo ne tik tikinti, bet ir Biblijos mokyklos vadovė. Ji ilgą laiką buvo tikėjimo kelyje. Per pastaruosius kelerius metus jos fizinė būklė taip pablogėjo, kad teko atsisėsti į neįgaliojo vežimėlį. Bet blogiausia buvo, kad jos būklė jai trukdė tvarkyti Biblijos mokyklos reikalus – tos tarnystės, į kurią Dievas ją pašaukė. Daugybė skirtingų tarnautojų daug kartų meldėsi už jos išgydymą, tačiau pagerėjimo nebuvo, jie neturėjo jėgos prieš šią ligą. Pažvelgusi į mano akis, ji prabilo: „Noriu, kad žinotumėte, jog esu giliai tikintis žmogus ir pati ilgą laiką mokiau studentus Šventojo Rašto. Aš kruopščiai atsirenku, kam leidžiu melstis už mane, ypač uždedant rankas! Nelenkiu savo galvos, kad kiekvienas tarnautojas dėtų rankas, o ypač gatvėje! Juo labiau neleisčiau pirmam sutiktam, norėjusiam melstis už mane!

DIDELIS DIEVAS

Ar tu supranti? Gyvenime aš niekada nebūčiau leidus melstis už mane, *jei ne...* – ir ji padarė ilgą pauzę.

– Jei ne kas? – paklausiau.

– Ar prisimeni, kaip pasilenkei prie manęs ir pažvelgęs į akis pasakei: *„Ar galiu pasimelsti už tave?"* Aš juk ne tave pamačiau, – tavo akyse pamačiau Jėzų. Suprask, tavyje mačiau Jėzų! Todėl aš pasitikėjau ne tavimi, bet Jėzumi, kuris tavyje, ir leidau uždėti rankas, nes žinojau, kad Jis padarys stebuklą."

Tada ji pridūrė: *„Nesustok, toliau ieškok Dievo, kaip dabar Jo ieškai, toliau daryk tai, ką darai."*

Mane stipriai palietė tie jos žodžiai, kad ji manyje matė Jėzų! Grįžęs namo po to susitikimo, staiga išgirdau savyje Šventosios Dvasios balsą: *„Tu esi Kristaus laiškas, visų skaitomas, parašytas ne rašalu, bet Gyvojo Dievo Dvasia."* *(2 Kor 3, 2-3)* Supraskite, dabar jūs ir aš esame Jo kūnas žemėje, Jo rankos ir kojos, mes esame visų skaitomas laiškas. **Jis suteikė mums valdžią ir jėgą sūnaus identitete, jėgą Šventojoje Dvasioje.** Investuokite laiką į tai, kas iš tiesų svarbu – į ryšį su Šventąja Dvasia – ir Jo šlovė jumyse išstums demonus ir išgydys ligonius, saulę sulaikys, vėjas ir lietus paklus tau ir viskas aplink pasikeis. Jūs pamatysite, kaip pasieksite tokį lygį, *kai Dievo sūnus bus apreikštas per jus valdžioje per šventumo dvasią.*

Mes esame Dievo sūnūs šioje žemėje ir visų didelių bei brangių pažadų paveldėtojai. Elkitės sutinkamai su tuo, kas esate! Pradėkite praktikuoti tai, kuo tikite. Tiesa ta, kad mūsų kartoje bus atskleisti Dievo sūnūs, nes visa kūrinija laukia, kada bus apreikšti ne sekmininkai, ne charizmatai ar katalikai – bet Dievo sūnūs, kurie matys Tėvą kuriantį, prisiims atsakomybę ir išvalys žemę – kiekvienas savo srityje, savo teritorijoje turės įtaką pašalinti viską, kas čia yra neteisėta. Jėzus atliko viską ir suteikė tau valdžią ir jėgą, dabar viskas priklauso nuo tavęs! Aleliuja!

11 SKYRIUS

ŽMOGUS, KURIS BUS NAUDOJAMAS DIEVO

Kurie įtikės, tuos lydės ženklai: mano vardu jie išvarinės demonus, kalbės naujomis kalbomis, ims plikomis rankomis gyvates ir, jei išgertų mirštamų nuodų, jiems nepakenks. Jie dės rankas ant ligonių, ir tie pasveiks." (Mk 16, 17-18)

Kruzeidų metu mes matome Dievo galios ir šlovės apraiškas, tačiau štai kur esminis dalykas – tai turėtų lydėti mus ne tik kelionėse, bet ir per visą mūsų gyvenimą. Šioje Šventojo Rašto ištraukoje Jėzus kalba ne apie dvasines dovanas ir konferencijas, bet apie Dievo realybę kaip tikinčiųjų **gyvenimo būdą**. Jums augant sūnaus tapatybėje, Dievo karalystės realybė ima jus lydėti visą jūsų gyvenimą: Dievas lydi viską, ką paliečia jūsų rankos, Jo patepimas atstato tai, kas velnio buvo sugriauta.

Noriu pabrėžti, kad būtent toks gyvenimas lydės **įtikėjusiuosius**. Tavo tikėjimas – tavo **užtikrintumas tuo, kas neregima**, išsipildymas to, kas laukiama – tampa tavo kasdieniu mąstymu. Jūs pasodinti Jame danguje, Dievo karalystė jau yra jumyse Šventąja Dvasia, Jo realybė tampa tavo tikrove ir tavo žodžiai paklūsta Šventajai Dvasiai. Toliau stiprink savo santykius su Šventąja Dvasia ir tikėk, kad neliksi be darbo. Ir dar – nesijaudink, jei tu dabar neužkariauji tautų, bet toliau gilinkis į Žodį ir Dievo karalystės mokymą. Tada Ii ievas atstatyo tavo vidų, pripildys, įgalins ir tada paleis tave kaip aštrią strėlę, kad ir kur eitum, nieko nepasiliktų taip kaip buvę.

Brangieji, Dievas mane ragina kalbėti kiekvienam iš jūsų asmeniškai: dabar Šventoji Dvasia atstato kiekvieną tavo **gyvenimo** sritį, kad Jis visur galėtų pasireikšti per tave. Dievas leis pereiti tau įvairias situacijas, kad galėtumei paliudyti apie Jį, atnešti dangų į žemę, demonstruojant Jo Jėgą – kad visi atsiverstų ir patikėtų gyvuoju ir didžiuoju Dievu.

Pamenu, kaip kartą dalyvavau eilėje konferencijų Ukrainoje ir per vieną iš jų prie manęs priėjo pastorius ir padovanojo knygą *„Žmogus, kurį naudos Dievas"*. Padėkojęs jam pasakiau, kad tikrai perskaitysiu lėktuve skrisdamas namo. Skrydis iš Kijevo į Niujorką trunka gana ilgai. Taigi įlipęs į lėktuvą su malonumu atsiverčiau knygą ir ėmiau skaityti. Mano krėslas buvo prie krašto, o prie praėjimo, kitoje pusėje nuo manęs sėdėjo rusakalbė moteris. Lėktuvui vos spėjus pakilti, staiga pastebėjau, kad moteris ėmė keistai elgtis: rankomis sugriebė priešais esantį kėdės atlošą ir susirietusi ėmė dejuoti, tarsi dustų.

Tą pačią akimirką pajutau raginimą padėti, tarytum balsas manyje sakė: „*Ko tu žiūri? Melskis už ją.*" Supratau, kad dabar atrodysiu kaip balta varna ir neaišku, kaip į visa tai reaguos aplinkiniai. Pažvelgęs dar kartą į ją nusprendžiau: „Geriau melsiuosi dvasia." Įdomiausia, kad rankose laikiau knygą „Žmogus, kurį naudos Dievas". Kuo labiau meldžiausi dvasia savo viduje, tuo blogiau jai darėsi. Be viso to, mane persekiojo mintis, kad ji tuoj numirs, o aš visą gyvenimą kankinsiuosi, kad nesimeldžiau už ją. Staiga aiškiai išgirdau Dievo balsą: „*Patrauk knygą, nustok melstis ir įsakyk mirties dvasiai nešdintis.*" Nusprendžiau – net jei ir man nieko nepavyks, geriau būsiu nevykėlis regimame pasaulyje, bet paklusnus Šventajai Dvasiai, nei priimtinas šiam pasauliui, bet atskirtas nuo Dievo gyvenimo.

– *Atsiprašau, ar jums bloga?* – paklausiau. Ji net negalėjo ištarti žodžio, tik linktelėjusi galva parodė į širdį. Tęsiau: „*Negaliu jums paaiškinti visko iš karto, bet esu Dievo žmogus, bažnyčios tarnautojas... Štai, net knygą skaitau. Aš tikiu, kad Dievas yra visagalis ir Jis gali dabar prie jūsų prisiliesti ir išgydyti. Ar norite, kad pasimelsčiau už jus?*" Ji linktelėjo galvą. Tada pakilęs nuo krėslo ištiesiau ranką ir pradėjau melstis. Tuo metu mergina, ėjusi per praėjimą, sustojo šalia mūsų. Nežinau, kaip tai paaiškinti, bet žengęs tikėjimo žingsnį iš karto pajutau, kaip pasitraukė visos abejonės ir ant manęs nusileido drąsa ir Šventosios Dvasios patepimas. Atsisukęs į šią merginą pasakiau: „Palauk, aš čia užsiėmęs Dievo darbu. Palauk, kol pasimelsiu už šią moterį." Ji šiek tiek atsitraukė ir ėmė stebėti, kaip varau lauk mirties dvasią...

Uždėjęs ranką ant moters, aš įsakiau visoms ligoms ir mirties dvasiai išeiti Jėzaus Kristaus vardu! Panašu, kad mergina, kuri buvo netoli mūsų, išgirdusi šiuos žodžius, nebenorėjo niekur eiti ir nuskubėjo atgal į savo vietą. Aš ir toliau įsakinėjau ir skelbiau: „Širdie, būk išgydyta, Jėzaus Kristaus vardu!" Tą akimirką moteris išsitiesė, giliai įkvėpė ir sušuko: „Aš girdžiu! Aš girdžiu!" Pradėjau nerimauti, kad jai tapo dar blogiau ir ji jau girdi angelų giedojimą, todėl iškart patikslinau: „Ką jūs girdite?" Ji atsakė. „Aš girdžiu stiuardesės balsą!" Tada ji išsitraukė nosinę ir ėmė valytis veidą, o aš atsisėdau į savo vietą ir vėl tęsiau skaityti knygą.

Po kurio laiko moteris atsisuko į mane ir ėmė pasakoti savo istoriją. Kaip paaiškėjo, jai kategoriškai buvo draudžiama skristi, nes po operacijos į jos širdį buvo įmontuotas širdies vožtuvas. Nepaisant to, ji pasirašė specialią formą su savo gydytoju ir gavo medicininę pažymą. Tokiu būdu ši moteris prisiėmė visą atsakomybę ir išskrido, nes daugiau nei dešimt metų nebuvo mačiusi savo dukters, gyvenusios Niujorke. Pakilimo metu jai dingo klausa: *„Tai girdėdavau stiuardesės pranešimus, tai viskas dingdavo. O po to ėmė stoti širdis ir aš pradėjau dusti ir net neįstengiau pasakyti nė žodžio. Sūnau, aš taip apsidžiaugiau, kai tu pasirodei ir ėmei kalbinti mane, pats Viešpats Dievas tave pasiuntė! Neišgirdau visko, ką sakei, bet paskutinę frazę: „Ar galiu pasimelsti už jus?", aš išgirdau. Kai uždėjai ranką ant galvos, pirmiausia ką pajutau – tarsi kažkas išėjo iš manęs kaip vėjas, tada iškart ausys atsivėrė, o po to nurimo ir širdis."* Oi, kaip malonu tai girdėti! Pabendravęs su šia moterimi, papasakojau jai apie

Dievą, tada vėl atsiverčiau knygą ir toliau skaičiau, savo viduje jausdamas didelį įkvėpimą.

Artėjant Niujorkui, lėktuvas pateko į turbulenciją ir mus pradėjo purtyti. Pirmą kartą mums nepavyko nusileisti, todėl sukome antrąjį ratą. Kratyti ėmė dar stipriau. Staiga pajutau, kad daugelis žmonių žiūri įsmeigę į mane akis. Tada supratau, kad jie matė, kas vyko su moterimi, kaip meldžiausi už ją. Todėl dabar, kai jiems tapo baisu, jie tikrai stebėjo mano reakciją. Apsukę antrąjį ratą vėl nepajėgėme nutūpti, leidomės į trečiąjį ratą. Mus mėtė taip stipriai, kad aš net pats išsigandau. Nebežinojau, kur dėti šią knygą. Vienintelis dalykas, kuris tą akimirką mane ramino – tai supratimas, kad kai esi pašauktas ir vedamas Šventosios Dvasios, Viešpats tave laiko Savo rankose, ir kol neišpildysi savo pašaukimo – mirti negalima. Šioje atmosferoje į mano vidų atėjo žodis vienam žmogui ir aš, pasukęs galvą į moterį, pasakiau: *„Nebijok, viskas bus gerai, šiandien pamatysi dukrą."*

Esu toks dėkingas Dievui, kad patekau būtent į tą lėktuvą, į tą krėslą ir galėjau paliudyti Dievo realumą. Jaučiau, kad esu Dievo pasiųstas į tą situaciją. Pažvelk į Joną Krikštytoją, apie jį parašyta, kad tai buvo *žmogus, siųstas Dievo, jis atėjo paliudyti – liudyti šviesą, kad* **visi įtikėtų per Jį** (Jn 1, 6). Jis buvo siustas ne religinės organizacijos, bet tiesiogiai Dievo – tam reikia ne paskyrimo su rankų uždėjimu, o santykio su Šventąja Dvasia. Prieš tai, kai tampame bažnyčios tarnautojais, apaštalais, pranašais, mokytojais – mes visų pirma Dievo Karalystės liudytojai. Todėl raginu jus: studijuokite Dievo Karalystę.

Kaip atrodo gyvenimo būdas „čia žemėje, kaip danguje"? Jei danguje nėra ligų, baimės, smurto, atstūmimo, depresijos ir viso kito, tai Jo valia, kad ir žemėje to nebūtų. Mes esame Kristaus vardo ambasadoriai, dabar jau turime priėjimą prie Dievo Karalystės – atneškime tai į žemę!

Aš dažnai mąstau apie tai, kokį gyvenimą gyveno Jėzus, kokius *kruzeidus* Jis darė savo laiku! Ten vyko neįtikėtini stebuklai, ženklai, išgydymai!!! Bet tuo pačiu metu Jėzus sakė: „*Iš tiesų, iš tiesų sakau jums: kas mane tiki, darys darbus, kuriuos aš darau, ir dar už juos didesnius, nes aš keliauju pas Tėvą.*" (Jn 14, 12) Tik pamąstykite, be viso, ką skaitome Evangelijoje, parašyta: „*Yra dar daug kitų dalykų, kuriuos Jėzus padarė. Jeigu kiekvieną atskirai aprašytume, manau, visas pasaulis nesutalpintų knygų, kurias reikėtų parašyti.*" (Jn 21, 25) Daugybė Jėzaus darbų nebuvo įtraukti į Šventojo Rašto tekstus, nieko apie juos negirdėjome ir nežinome. Mes net neįsivaizduojame, kiek buvo apreikšta Dievo jėgos per Jėzų žemėje ir kokia neišmatuojama Dievo galybė šiandien yra mumyse!

Kai pasireiškė Dievo jėga, jos neįmanoma buvo paaiškinti nei logiškai nei religiškai. Neįmanoma! Todėl fariziejai ir daugelis religingų žmonių nepriėmė Jėzaus, nepriėmė apaštalų, o vėliau nepriėmė ir daugelio Dievo generolų. Jėgos ir stebuklų apraiškos ne visus džiugino. Sutikau tikinčiųjų, kurie visada taip karštai meldžiasi už Dievo jėgos išliejimą ir tuo pat metu, kai jėga pasireiškia, ją pasmerkia, iškeikia, priskirdami Belzebului. Taip norėtųsi jiems pasakyti: „*Jūs ne ten žiūrite. Dievas kalba* atsakydamas į šios kartos poreikius. Aš negaliu kontroliuoti Dievo jėgos. Net ir nenoriu! Aš tik noriu būti Jo kanalas tarp dangaus ir žemės."

Nepamiršiu vienos kelionės į Vokietiją, kur buvau pakviestas tarnauti Sekminių dieną. Prieš kelionę pastorius man paskambinęs kelis kartus pokalbio metu kartojo:

– Mes trokštame, kad Dievas išlietų savo jėgą.

– Ar tikrai esate atviri Dievo jėgai? – paklausiau.

– Taip, mes esame labai atviri. Mes norime, kad tai būtų tikra Sekminių šventė.

Taigi penktadienio vakarą tarnavau toje bažnyčioje ir kalbėjau apie Dievo jėgą. Po pamokslo meldžiausi už visus išėjusius į priekį žmones. Šventoji Dvasia išgydė, išlaisvino ir atstatė daugelį, bet ypač įsiminiau vieną mergaitę. Maldos metu, kai pradėjau prie jos artintis, Šventosios Dvasios jėga ją tiesiogine prasme nunešė. Man net nespėjus ant jos uždėti rankos, ji nulėkė ir nukrito ant grindų. Mes jos nelietėme, bet tęsėme tarnauti žmonėms. Po kelių valandų, viskam pasibaigus, pastorius priėjęs prie manęs klausia: *„Ką daryti? Žiūrėk, ji vis nesikelia."* Pasilenkiau prie jos ir paklausiau: *„Kaip jautiesi?"* Atmerkusi akis ji atsakė: *„Daug šviesos ir daug ramybės..."* Tada aš tariau pastoriui: *„Palikite ją, nekelkite jos, nes Dievas ją gydo iš vidaus."*

Tą naktį Viešpats pakėlė mane ketvirtą valandą ryto melstis ir aš pajutau, kad Šventoji Dvasia per mane kažką

DIDELIS DIEVAS

užtaria. Tada Dievas ėmė kalbėti: *„Mano vaikai nepažįstami su Mano jėga. Jie jos nežino. Jie prašo: Dieve, duok mums savo jėgos – o po to ją pasmerkia. Kaip jie ją įsivaizduoja? Su kuo jie Mane palygins? Mano tauta nepasirengusi, melsk jiems apšvietimo, kad jie įstengtų priimti, talpinti Mano Žodį."*

Daugelis yra pripratę prie tam tikros krikščionybės formos, tačiau vis dar tiek daug nežinome apie Dievo jėgą, todėl neskubėkite teisti. Tegul Šventosios Dvasios pasireiškimo įvairovė netampa kliūtimi priimti iš Dievo. Žmonės taip pavargo nuo gražių frazių, jie ateina į Dievo namus ir išeina iš jų su tomis pačiomis ligomis. Kažkas yra ne taip! Kažkas turi pasikeisti! Kuo toliau eisime į priekį, tuo didesnis bus Dievo jėgos poreikis. Juk Dievo Karalystė yra ne žodžiuose, o jėgoje!

Man nuolat užduodamas vienas ir tas pats klausimas: *„Kodėl žmonės krenta tavo tarnavimo metu?"* Žinote, man irgi iškilo šis klausimas todėl paklausiau jų: *„O kodėl jūs krentat?"* Jie man atsakė: „Mes nežinome, stiprus Dievo artumas persmelkia mūsų kūną, o kūnas tampa kaip vata." Pažvelkime į Šventąjį Raštą: kai minia atėjo į Getsemanės sodą suimti Jėzaus, jie bandė Dievą sulaikyti žmogiška jėga. Jėzui reikėjo parodyti, kad Jis atiduoda pats save, nes tai buvo Tėvo valia. Kristus ištarė ir atskleidė savo vardą: *„Aš esu!"* – ir išėjusi jėga visus parbloškė. Jie nukrito ne garbinimo metu! Ne, visi ten iškrito, kas tik buvo, nes kai Jėzus ištarė savo vardą, atsivėrė paties Dievo jėga ir esybė.

Aš uoliai siekiu Dievo jėgos ir santykio su Šventąja Dvasia. Kartą Dievas man pasakė: „*Jei nori judėti Šventosios Dvasios jėga, turėsi mirti sau. Daugelis žmonių tavęs nebepriims, nes spręs pagal tai, ką akys mato ir ausys girdi.*" Man patinka studijuoti istoriją ir noriu pasakyti, kad žmonės, kurie veikė Dievo jėga, dažnai buvo persekiojami; todėl žmogus, kurį naudoja Dievas, ne visiems bus priimtinas.

Kitą dieną aš tarnavau kitur ir tik sekmadienį grįžau į bažnyčią, kurioje buvau penktadienį. Kai tik atvykau, pastorius pribėgo prie manęs ir pakvietė į savo kabinetą.

– *Andrejau,* – *pasakė jis,* – *turiu tau papasakoti, kas nutiko penktadienį. Vos tau spėjus išvažiuot, pasirodė tos mergaitės tėvas. Tai labai religingas žmogus. Jis įbėgo į bažnyčią šaukdamas: „Kur šis burtininkas?", o po to pradėjo tave keikti. Mes bandėme jį sustabdyti. Bet jis mus visus užčiaupė ir toliau šaukė: „Kur šis burtininkas?" Pasiėmęs su savimi dukrą, išėjo. Patikėkite, tai buvo klaiki scena.*"

Tėvas uždarė šią merginą kambaryje. Ji paskambino pastoriui ir ėmė prašyti:

– Pastoriau, prašau, paimk mane į bažnyčią. Aš noriu eiti į Dievo namus!

Pastorius paklausė:

– Kas tau nutiko penktadienį?

– Žinote, aš niekada niekam apie tai nepasakojau, bet užaugau smurto aplinkoje. Mano tėvas nuolat kėlė prieš mane rankas, smarkiai mušdavo. Taip stipriai neapkenčiau jo ir negalėjau atleisti, o penktadienį pas mane atėjo Jėzus ir aš sutikau Dievą!!! Pastoriau, nuvežk mane į susirinkimą, noriu vėl į Dievo namus!

Kalbėdami apie išgydymą dažnai galvojame tik apie fizinį kūną. Dievo Dvasia nori atstatyti visas sritis: dvasią, sielą ir kūną. Jūs net neįsivaizduojate, kiek išgydymo šiandien reikia būtent dvasios ir sielos srityje, kad žmogus pradėtų teisingai žiūrėti į Dievą ir matyti save dangiškojo Tėvo akimis. Daugelis viduje tikrai kankinasi ir jų fizinių problemų šaknis siekia giliai – sielos ir dvasios sritį. Dėl neteisingo mokymo susiformuoja neteisingas mąstymas, žmonės tampa pavergti daugybės žmogiškų teorijų. Dievo paveikslas iškreiptas ir žmonės nemato tiesos apie save. O jei tiki neteisingai – gyveni neteisingai. Girdėjau tiek daug tarnautojų, kurie Bibliją tiesiog pritaiko savo konfesijai. Todėl, brangieji, studijuokite Šventąjį Raštą ir būkite labai dėmesingi tam, iš ko priimate mokymą apie Dievą, tikrinkite informaciją, kuriai leidžiate tapti jūsų dalimi.

Vieną dieną Jėzus tarė fariziejams ir sadukiejams: *„Ar gi ne todėl klystate, kad nepažįstate nei Raštų, nei Dievo jėgos?"* (Mk 12, 24) Šie žmonės studijavo Šventąjį Raštą, tačiau raidė be dvasios mirusi! **Vienas be kito negali egzistuoti: reikia pažinti ne tik Šventąjį Raštą, bet ir Dievo galią.** Aš nagrinėju kiekvieną eilutę, kiekvieną Jėzaus žodį, nes kiekviename Jo pasakytame žodyje yra visa amžinybė! Jėzus pamokslavo apie Dievo Karalystę ir apreiškė mums Tėvą. Pastebėjau, kad būtent religinis mąstymo būdas visada kovoja prieš Dievo Karalystės pasireiškimą. Kad ir kiek stengtumėtės rodyti, liudyti ar atneštumėte ant sidabrinės lėkštės stebuklus, kuriuos daro Dievas, vis tiek patys kiečiausi žmonės – religingi žmonės, jie mato raidę ir nemato kitų žmonių poreikių.

Įsivaizduokite moterį, kuri buvo susukta ir išsekusi 18 metų. *Ar žinote, kur Jėzus ją sutiko?* SINAGOGOJE! Moteris neprašė išgydyti, pats Jėzus pastebėjo jos iškankintą būseną... O fariziejams net širdis nesuvirpėjo, kai ji išgijo. Jie buvo tam abejingi, juos suerzino tai, kad Jis tai padarė per šabą – priešingai tam, kas buvo priimta jų susirinkimuose. Kalbu su skausmu širdyje: įmanoma savo akimis pamatyti tikrą Dievo stebuklą ir be viso to nematyti Dievo, o tik šabo taisykles!

Mes taip pat skaitome apie Nikodemą, kuris atėjo pas Jėzų naktį. Nikodemas buvo žydų vadovas, fariziejus, turintis autoritetą įstatymo mokytojas. Jis nesitraukdavo nuo sakyklos, visko mokė, bet slapta priėjęs prie Jėzaus prisipažino: *„Mes žinome, kad tu esi mokytojas, atėjęs nuo Dievo, nes niekas negalėtų daryti **tokių ženklų** kaip tu darai, jei Dievas nebūtų su juo.“* (Jn 3, 2) Kitaip tariant, jam tapo aišku, kad jų religinėje struktūroje ne viskas gerai: *„Mūsų mokytojai tik moko, o tu parodai tai, apie ką tu kalbi – Dievo realybę.“* Brangieji, turime mokyti ne tik žodžiais, bet ir visu gyvenimu, nusileisti nuo sakyklos ir tarnauti žmonėms, demonstruodami Šventosios Dvasios jėgą.

Pažvelkite į apaštalą Paulių: *„Jei Viešpats panorės netrukus atvyksiu pas jus ir patikrinsiu* **ne** *išdidžiųjų žodžius, bet jėgą. Nes Dievo karalystė yra ne kalboje, o jėgoje."* (1 Kor 4, 19-20) Ir jis taip pat rašo *„Ir mano kalba ir skelbimas pasižymėjo ne įtikinančiais žmogiškos išminties žodžiais,* **bet Dvasios ir jėgos parodymu***, kad jūsų tikėjimas remtųsi ne žmogiška išmintimi, bet Dievo jėga."* (1 Kor 2, 4-5) Kodėl mes užsimerkiame prieš šias Rašto vietas?

Deja, krikščionybėje mačiau daugybę turinčių dievotumo išvaizdą, tačiau atsižadėjusių Jo jėgos; ir Biblija moko nuo tokių bėgti. Bėk, nes kyla noras tam pasiduoti! Velniui pavyko atskirti tarnavimą Dievui nuo mūsų gyvenimo būdo. Tai žmonės, kurie žaidžia savo religinius žaidimus, pergyvena dėl sakyklos, savo pozicijos, dėl žmonių nuomonės ir nežino, ką reiškia Šventosios Dvasios artumas. Koks skirtumas, kad esi vyskupas, jei neturi Dievo jėgos! Ar yra kokių nors jūsų mokymo vaisių? Ar tave žino dvasiniame pasaulyje? Tai liečia ne tik tarnautojus. Bičiuliai, mes turime gyventi ne pagal tėvų tikėjimą ar vyresniųjų tradicijas, bet pagal žodį, kuris a- teina iš Dievo lūpų!

Niekada nežinojau, kad mano aistringas noras tarnauti Dievui sukels tokią reakciją, kai tikintieji bandys tave sunaikinti. Bet yra toks stovis, kai tau jau nebeūpi žmonių nuomonė, nes tavo mokymas turi įrodymų – pats Dievas tai patvirtina stebuklais ir ženklais. Nesvarbu,

ŽMOGUS, KURIS BUS NAUDOJAMAS DIEVO

kiek žmonių išsako skirtingas nuomones, yra darbai, kurie kalba garsiau nei žodžiai. Jei norite vaikščioti su Dievo jėga, užsikimškite ausis visam tam, ką ir kas apie jus kalba, nustokite domėtis žmonių nuomone, atskirkite save nuo bet kokių religinių nesąmonių. Mes negalime kurti savo gyvenimo remdamiesi žmonių nuomone. Aš meldžiuosi, kad Dievas išlaisvintų tave nuo to, kad galėtum vaikščioti priešais Jį ir būti tuo, kuo esi Viešpaties akyse. Niekada nesustok pažinti Dievą. Supratau, kokia tai šauni būsena – visiškai priklausyti nuo Dievo nuomonės, gyventi Dievu, būti po Jo viešpatavimu ir vedamu Šventosios Dvasios.

Girdžiu, kaip Dievo Dvasia šiandien sako: „*Ilgai tylėjau, ilgai lūkuriavau ir susilaikiau, bet dabar aš šaukiu kaip gimdyvė, dūstu ir aikčioju. Į kovą VIEŠPATS žygiuoja kaip karžygys.*" (Iz 42, 13-14) Tikiu, kad prasideda naujas Bažnyčios sezonas: patepimas sudaužys kiekvieną jungą, nuplaus visas kaukes, apsimetimą, religinę dvasią ir ši Karalystės evangelija bus skelbiama visoje žemėje lydima Dievo šlovės, Šventosios Dvasios jėgos, stebuklų ir ženklų. O tuos, kurie tiki, lydės šie ženklai – ir **tai taps mūsų gyvenimo būdu...**

12 SKYRIUS

TAI TAPO MANO GYVENIMO BŪDU

Prisimenu, kaip atgailos dieną klūpojau prie altoriaus, po to atsistojau, pažvelgiau į dangų ir pasakiau: *„Dieve, dvidešimt dvejus metus aš tik girdėjau apie Tave, bet niekada nepažinau Tavęs asmeniškai, nepatyriau Tavo buvimo, nežinojau Tavo jėgos ir šlovės. Nuo šiol darysiu viską, kas įmanoma, kad pažinčiau Tave, kas iš tikrųjų Tu esi!"*

Nors užaugau krikščionių šeimoje, nuo vaikystės girdėjau Evangeliją, bet nepažinojau Dievo asmeniškai: tiesiog gyvenau žinodamas, kad Jis yra. Deja, daugelis krikščionių gyvena taip – tik žinodami **apie Jėzų**. Tačiau yra tokių, kurie vaikšto kartu su Jėzumi, ir yra tokių, kurie **vaikšto Jėzuje**. Aš būtent to ir siekiu, – kaip parašyta: *„Taigi, kaip esate priėmę Jėzų Kristų, Viešpatį, taip ir vaikščiokite Jame."* (Kol 2, 6) Atkreipkite dėmesį, kad vaikš-

DIDELIS DIEVAS

čiojimas Jame – nuolatinis procesas, kuris kainuos viską: prireiks perkainoti visą savo gyvenimą, laiką, tikslus, vertybes, prioritetus. Turėsite nugalėti save kiekvieną dieną, transformuotis, mirti sau ir nukreipti visą dėmesį į Jį.

Viskas mano gyvenime prasidėjo nuo Dievo pažinimo troškulio. Visa mano prigimtis Jo troško, ir Viešpats pradėjo man atsiskleisti kaip LABAI DIDIS. Atsidaviau Dievui radikaliai ir palaipsniui prie manęs ėmė jungtis žmonės – tokie, kaip aš, kurie troško asmeninio Dievo pažinimo. Komanda vis didėjo ir didėjo. Viešpats, apšvietęs mus, ėmė atverti duris į įvairias šalis, kad įvykdytume Jo žodį ir skelbtume Karalystės Evangeliją visame pasaulyje. Kėlėmės iš vienos šalies į kitą, trečią, ketvirtą ir žingsnis po žingsnio pradėjom regėti Dievo šlovę. Kai pirmą kartą atvykome į Etiopiją, niekas mūsų ten nepažinojo, mes važiavome į labiausiai užmirštas ir nutolusias vietas ir gyvenvietes, o paskui – per visą šalį iš miesto į miestą. Dievas reiškėsi ženklais ir stebuklais, išlaisvindamas žmones, ir kiekvieną kartą Jo šlovė liejosi vis daugiau.

Dešimta šalis, dvidešimt penkta šalis... Kiekvienais metais vis daugiau ir daugiau... Pasaulis tapo mažas, ir aš nustojau orientuotis ir nebegalvoju, kur esu: Afrikoje, Amerikoje, Europoje. Man tai eilinė diena, nes visas mano gyvenimas – misija, pažinimas Dievo, Jo jėgos ir šlovės. Nesvarbu, ar tai būtų *kruzeidas* Afrikoje, ar kelionė į vietinį prekybos centrą, noriu visur būdamas gyventi Jo tikrove, tarnauti žmonėms ir skelbti Viešpaties jėgą bei

TAI TAPO MANO GYVENIMO BŪDU

šlovę. Skelbti būsimai kartai! Biblijoje sakoma: „*Aš atversiu burną palyginimais, atskleisiu senovės laikų paslaptis. Ką girdėjome ir sužinojome, ką mūsų tėvai pasakojo mums, neslėpsime nuo jų vaikų, **skelbsime būsimai kartai apie Viešpaties šlovę ir Jo galybę ir stebuklus, kuriuos Jis padarė.*" (Ps 78, 2-4) Turime atskleisti savo vaikams Dievo šlovę ir perduoti ateinančiai kartai Jo jėgą ir stebuklus, kad žmonės pažintų NUOSTABŲJĮ, DIDĮJĮ, VISAGALĮ Dievą ir patirtų Jį visur.

Šiandienai, kai rašau šią knygą, Dievas leido man aplankyti daugiau nei 40 šalių ir tarnauti šimtams tūkstančių žmonių didžiuliuose stadionuose, kur akimirksniu įvyksta daugybė išgydymų. Kadangi kiekvienas *kruzeidas* yra galinga dvasinės atmosferos transformacija toje teritorijoje, kurioje jis vyksta, mes tapome neįtikėtinų stebuklų, išlaisvinimų ir išgydymų liudininkais. Tiek daug nuostabių istorijų, tiek daug Dievo šlovės! Bet atsiranda ir tokių liudijimų ir stebuklų, kurie sudrebina ir išlieka atmintyje amžinai...

Niekada nepamiršiu, kaip prieš kelerius metus surengėme *kruzeidą* Etiopijoje. Man pamokslaujant Dievo Dvasia taip stipriai lietė klausančiuosius, kad pradėjo vykti išgydymai ir išlaisvinimai. Tuo metu į *kruzeidą* buvo atvesta mergina, kuri tiesiog siautėjo. Ji buvo visa suraišiota virvėmis: jos rankos buvo surištos už jos nugaros, kojos buvo apvyniotos geležine grandine su kabančia spyna. Ją tempė šeši apsaugos grupės broliai. Atitempę prie scenos krašto, jie paliko ją gulėti ant žemės.

DIDELIS DIEVAS

Komandos vaikinai iškart nusileido nuo scenos jai patarnauti. Šalia merginos stovėjo jos motina, kuri teigė, kad jos dukros neįmanoma sutramdyti, todėl ji daugiau nei dešimt metų laikoma surišta virvėmis! Šiai merginai iš burnos ėjo putos, ji tikrai buvo apsėsta. Bet kai tik broliai ėmė melstis ir įsakė demonams išeiti Jėzaus vardu, mergina greitai nusiramino ir gavo išlaisvinimą. Jos veido išraiška akimirksniu pasikeitė, ji ėmė verkti kažką niūniuodama. Kažkas iš komandos ryžtingai pasakė: „Atriškite jai rankas ir kojas!" Šalyga motina sušuko: „Ne, jokiu būdu! Jūs neįsivaizduojate, kas čia dabar dėsis!" Broliai atsakė: „Dievas ją išlaisvino! Nuimkite grandines!" Tačiau šios mergaitės mama metėsi mušti mūsų vaikinus, šaukdama: „Neatriškite jos! Ji mus visus sudraskys! Ji labai pavojinga!" Bet galiausiai vis dėlto kažkaip pavyko nuraminti mamą ir įtikinti ją atiduoti spynos raktą, kad būtų galima nuimti grandines. Moteris su siaubu stebėjo, kaip dukra atrišama.

Tik įsivaizduokite, koks buvo šios merginos gyvenimas pastaruosius dešimt metų. Kai broliai nuėmė grandines ir atrišo virves, mergina pakilo nuo žemės ir su ašaromis akyse apkabino motiną. Jos dar ilgai stovėjo apsikabinusios, abi verkė, o mergina vis kartojo: „Aš myliu tave, mama. Aš myliu tave, mama." Nuostabu, kaip stipriai ją palietė ir pripildė antgamtinė Dievo meilė, nes ji ėmė vaikščioti tarp eilių apkabindama žmones ir tuo pačiu metu kažką jiems niūniuodama. Mes paprašėme motinos papasakoti visiems žmonėms apie šį stebuklą. Kai dukra ir motina užlipo ant scenos, rankose laikydamos grandines ir virves, jos liudijo neįtikėtiną Dievo jėgą,

TAI TAPO MANO GYVENIMO BŪDU

kuri sunaikino visus demoniškus jungus jų gyvenime. Tada mergina tarė: „*Aš visada svajojau dainuoti, o dabar ne tik šlovinsiu Jį savo balsu, bet ir visą savo gyvenimą pašvęsiu, kad pašlovinčiau didįjį Dievą.*"

Niekada nepamiršiu, kaip viename *kruzeidų* Etiopijoje su mumis komandoje buvo moteris iš Vokietijos. Ji man atvirai pasakojo, kad niekada nėra mačiusi tikrų stebuklų, o juo labiau per ją Dievas niekada nėra gydęs: „*Bet žinok, aš visada svajojau pamatyti, kaip Viešpats visiškai išgydo aklą žmogų, kada žmogus praregi pirmą kartą!*" To *kruzeido* metu buvo jaučiamas stiprus Šventosios Dvasios patepimas ir visa mūsų komanda ėjo į tūkstantinę minią melstis už žmones. Ši sesuo taip pat nuėjo su visais ir, įsivaizduokite, priešais save ji išvydo aklą moterį. Ji nepasimetė, uždėjo ant jos rankas ir ištarė: „*Dieve! Tai mano troškimas! Aš taip noriu matyti, kaip Tu atveri akis akliesiems...*" Ji nepasitraukė nuo tos aklos moters ir dar ilgai su ašaromis toliau skelbė Dievo žodį tos moters gyvenimui. Tada pažvelgusi į jos akis ji pastebėjo, kaip šios moters vyzdžiai ėmė plėstis tarsi kamuoliai. Matant tai kilo dar didesnė drąsa dėkoti Dievui už stebuklą. Staiga vyzdžiai susilygino... ir tada įvyko stebuklas: Dievas atvėrė akis šiai moteriai iš Etiopijos, kuri, pasirodo, nuo pat gimimo buvo akla! Net nežinau, kas buvo laimingesnis - moteris iš Vokietijos ar moteris iš Etiopijos! Kai ji atgavo regėjimą, pirmiausia atidžiai tyrė žmones. Pirmą kartą ji pamatė žmogaus veidą ir atvaizdą, sukurtą pagal Dievo panašumą. Juk iki tol ji galėjo viską tik liesti rankomis arba užuosti. Tada ji iš pradžių apkabino moterį iš Vokietijos, o paskui ir šalia esantį žmogų. Po to ši pagyvenusi

DIDELIS DIEVAS

moteris visą vakarą iki tarnavimo pabaigos tiesiog vaikščiojo po stadioną apkabindama visus žmones.

Bičiuliai, mūsų pareiga yra dėti rankas ant ligonių ir leisti Dievui per mus paliesti žmones. Kai mes vaikštome Jame, dėl mūsų paklusnumo Dievas vis labiau išlies ir padaugins patepimą, ir niekas negalės sustabdyti šio Šventosios Dvasios judėjimo. Matau, kad paskutinėmis dienomis tai vyks visur: *„Savo tarnams ir tarnaitėms išliesiu Savo Dvasios." (Apd 2, 18)*

Niekada nepamiršiu *kruzeido* Etiopijos mieste, kuris vadinosi Nakamt. Pats faktas, kad mums pavyko ten patekti, jau buvo stebuklas. Mes per dvejus metus negalėjome surengti *kruzeido*, nes tame mieste nuolat vykdavo pilietiniai streikai ir kariniai susirėmimai tarp dviejų genčių. Tai tęsėsi daugiau nei 10 metų, todėl daugelis įstaigų, įmonių ir mokyklų ilgą laiką buvo uždarytos. Nukentėjo ir žmonės, ir visa infrastruktūra. Nepaisant to, Dievas mus pasiuntė būtent ten. Po derybų su vyriausybe išsinuomojome didžiulį stadioną ir ruošėmės *kruzeidui*. Prieš pat skrydį į Afriką jie man paskambino ir pasakė, kad miestas uždarytas dėl susišaudymų ir politinių ginčų tarp genčių; vėl buvo įvesta karinė padėtis. Iš anksto ten atvykusi komanda net nebuvo įleista į miestą, jie turėjo nakvoti saugioje vietoje artimiausiose gyvenvietėse.

Per artimiausias paras į Nakamto miestą buvo atgabenta taikdarių armija, o vyriausybė susitarė dėl paliaubų tik *kruzeido* metu. Prie įvažiavimo į miestą mums atsivėrė siaubingas vaizdas: griuvėsiai, skurdas,

TAI TAPO MANO GYVENIMO BŪDU

šūvių pėdsakai, visur išsibarstę sviedinių korpusai ir tušti kulkosvaidžių sviediniai. Visur vaikščiojo kareiviai. Pirmąją *kruzeido* dieną didžiulis stadionas prisipildė žmonių. Žmonės taip pat sėdėjo ant tvorų ir medžių, augančių aplink stadioną. Visas tris dienas matėme daugybę išgydymų ir išlaisvinimų, tačiau svarbiausia yra tai, kad žmonės masiškai priėmė Jėzų Kristų! Buvo nuostabu stebėti tūkstančius žmonių, susirinkusių į *kruzeidą*. Daugelis jų buvo iš skirtingų opozicijos partijų ir genčių, kariaujančių tarpusavyje. Vien tai jau buvo didžiulis stebuklas!

Paskutinį vakarą nužengė toks stiprus Šventosios Dvasios patepimas, jog fiziškai jaučiau, kaip Dievas uždėjęs ranką man ant galvos pasakė: *„Pasakyk jiems, kad Aš atšaukiu velnio planus ir stabdau visus streikus mieste. Už tai, kad jie leido Mano žodžiui ateiti į jų miestą ir šios tautos gyvenimą, Aš duodu jiems Savo malonę ir siunčiu ramybę, tokią ramybę, kokios jie dar nematė.“* Aš drąsiai paskelbiau šį žodį visiems, girdint visai tautai, kad išgirstų ir valdžios atstovai, kurie taip pat dalyvavo.

Ne kartą savo kūnu esu išgyvenęs stiprų Dievo buvimą ir kiekvieną kartą tai yra vis kitas Jo šlovės lygis. Tokiomis akimirkomis nieko nebijai, o tada, kai viskas nurimsta, pamatai įprastinę tikrovę ir galvoji: *„Kas tai buvo? Ką aš prišnekėjau?"* Taigi šį kartą grįžęs į viešbutį pagalvojau: *„O jei taip neatsitiks? Juk streikai planuojami pradėti iškart, vos mums spėjus išvykti."* Prireikė ginti šalin visas abejones ir pasitikėti Šventąja Dvasia.

DIDELIS DIEVAS

Rytojaus dieną su komanda išvykome iš miesto. Kelyje kažkas paskambino mūsų organizatoriui Sami, aš girdėjau šį pokalbį: jie kažką šaukė į telefoną, o Sami tai verkė, tai juokėsi, tai purtė galvą. Baigęs kalbėti, jis atsisuko į mane ir pasakė: *"Andrejau, tu nepatikėsi! Man paskambino pastorius iš Nakamto. Ten per televiziją naujienose buvo pranešta apie paliaubas. Visi streikai ir sukilimai šiandien buvo atšaukti! Taip pat atšaukta karinė padėtis. Nuo šiol atidaromos visos įstaigos ir įmonės. To nebuvo daugiau nei dešimt metų!"* Žinoma, tikėjau, kad tai įvyks, tačiau nesitikėjau, kad permainos ateis taip greitai ir Dievo žodis išsipildys jau kitą rytą!

Po kurio laiko susiskambinome su tarnautojais iš Nakampto ir jie pasakojo, kad jų miestas tapo ramus, be to, atsidarė visos mokyklos, visos įstaigos ir prasidėjo miesto atkūrimas. Šlovė Jėzui! Jis yra visagalis Dievas, karalių Karalius, Jo žodis gyvas, veiksmingas ir negrįžta veltui, jis visada įvykdo tai, kam buvo išsiųstas!

Niekada nepamiršiu *kruzeido* Tanzanijoje, Kasulu mieste. Vos tik atvykusius oro uoste mus pasitiko valstybės gubernatorius. Kurį laiką pabendravus jis pasakė: *"Kasulu yra prakeiktas miestas, ten stipriai įsigalėjusi burtininkystė. Burtininkai kontroliuoja ir laiko įbauginę visą šią gyvenvietę. Nežinau, kas ten gali nutikti, todėl turiu suteikti jums apsaugą."*

Gubernatorius paskyrė mums asmeninius sargybinius ir išsiuntė kareivių būrį, kad būtų užtikrintas saugumas *kruzeido* metu. Tai buvo stebuklas, nes jis pats iš tikro buvo musulmonas.

Taigi kelyje į Kasulą priešais mus važiavo kareivių automobilis, kuris stabdė visas kitas mašinas ir blokavo sankryžas, kad galėtume pravažiuoti. Už mūsų važiavo autobusas su mūsų komanda ir kareiviais. Aštuoni asmens sargybiniai su kulkosvaidžiais ir ginklais sėdėjo su manimi mikroautobuse. Esu buvęs skirtingose vietose, tiesą sakant, mums nebuvo naujiena, kad raganavimas Afrikoje yra labai išvystytas. Tačiau neužilgo suvokiau, kad viskas nėra taip paprasta, ir demoniška įtaka šiame mieste yra kur kas rimtesnė. Bet žinojau ir tai, kad į šį miestą mus pasiuntė pats Dievas.

Kelias dienas mes skelbėme Evangeliją kalėjimuose, ligoninėse, rengėme seminarus vietiniams pastoriams ir tarnautojams. Ir per visą tą laiką mus visur lydėjo kareiviai, taip pat jie ištisą parą saugojo mūsų viešbutį.

Pirmąjį *kruzeido* vakarą jautėsi didžiulis dvasinis spaudimas. Buvo sunku pamokslauti; vos tik pradėjus skelbti žodį, visame stadione žmonėse ėmė reikštis demoniškos apraiškos: jie buvo mėtomi ant žemės, jie šnypštė, raitėsi... Mūsų komandai teko juos nešti lauk iš minios ir melstis už jų išlaisvinimą už scenos. Nepaisant visų sunkumų ir ten viešpatavusio raganavimo ir burtininkų dvasios, matėme, kaip Dievo patepimas akivaizdžiai juda per stadioną, paliesdamas žmones.

Niekada nepamiršiu, kaip vieną vakarą pas mums atvežė nėščią moterį, kuri buvo smarkiai apsėsta. Mes apdairiai tarnaujame nėščioms moterims, todėl pirmiausia pradėjome jos klausinėti. Tačiau moteris atsakė: *„Ne,* *aš nesu nėščia."* Po to pradėjo pasakoti, kad šėtonas kiekvieną naktį ateina pas ją ir fiziškai ją prievartauja. Ji teigė esanti nėščia demonais ir net pajutusi, kaip jie juda jos įsčiose. Mums buvo labai keista ir kraupu to klausytis! Moteris tiesiog tvirtino esanti nėščia būtent demonais. Meldėmės už jos išlaisvinimą ir prieš mūsų akis jos pilvas ėmė bliukšti kol ilgainiui tapo normalus. Dievas ją visiškai išlaisvino ir išgydė.

Keturias dienas iš eilės stadione rengėme tarnavimus ir kiekvieną vakarą žmonės buvo išlaisvinami, priimdavo Jėzų Kristų kaip savo asmeninį Gelbėtoją ir šlovino gyvąjį Dievą. Prisiminus viską, kas ten vyko, man atrodė, kad tai buvo išlaisvinimo *kruzeidas*. Mes ten tiek visko prisižiūrėjome...

Vieną vakarą su visa komanda nuo scenos meldėmės už miestą ir Jėzaus vardu griovėme visas šėtono užmačias, ypač raganavimo dvasią. Tada paprašėme žmonių, kad jie atneštų viską, kas juos sieja su raganavimu: amuletus, talismanus, apyrankes, knygas, užrašus ir visokius kitokius daiktus, kuriuos jiems kada nors yra davę vietiniai šamanai. Ruošėmės visa tai sudeginti!

Tą patį vakarą, kai grįžome į viešbutį, vyskupas ir vietiniai ganytojai nedelsdami atėję pas mus ėmė piktintis:

– Kodėl taip pasakėte? Rytoj mes neisime su jumis į *kruzeidą*.

Mus labai nustebino jų požiūris ir reakcija. Mes pradėjome klausinėti:

— Kodėl? Kas nutiko?

— Jūs nesuvokiate iki galo, kas ten vyks rytoj! Juk jūs ir taip jau labai drąsiai peržengėte dvasinio pasaulio ribą. Ar suprantate, kad rytoj visi burtininkai ten susirinks? Jie ateis kovoti. Jie jus sunaikins! Mes neisime su jumis!

Toks buvo jų atsakymas. Aš neteisiu šių ganytojų, meldžiuosi už juos ir tuo noriu tik parodyti, kad šiandien yra daug tarnautojų, kurie netiki tuo, ką skelbia. Jaučiau dvasios šauksmą: *„Bažnyčia, nustok leidusi velniui naikinti žmones! Tavo lūpose yra Dievo duota valdžia, o tu bijai ir nieko nedarai. Tu turi valdžią ir jėgą įsakyti kiekvienai netyrai dvasiai nešdintis lauk Jėzaus Kristaus vardu!*

Mes bandėme įtikinti vietinius ganytojus, kad tas, kuris yra mumyse, yra daug stipresnis už tą, kuris yra pasaulyje. Atrodė, kad šie tarnautojai suprato mūsų žodžius, tačiau buvo apimti didelės baimės ir panikos.

Supratau, kad atmosferoje vyksta nematomas karas. Bet juk tam Dievas mus ir pasiuntė į šį miestą – sugriauti velnio darbus. Žinote, jei mes tik pamokslautume ir kalbėtume apie Dievą, tai šamanai taip nesijaudintų. Tačiau mes varėme lauk iš miesto demonus, naikinome burtininkų maldas ir išlaisvinome žmones. Be to, ketinome sudeginti visus jų okultinius daiktus. Burtininkai suprato, kad jie praranda valdžią ir kontrolę tame regione.

Natūralu, kad po tokio pokalbio su pastoriais mūsų komandoje iškilo tam tikri rūpesčiai: *„Gal šįkart perlenkėme lazdą ir tikrai nesuvokiame visos situacijos* *sudėtingumo?..*" Be to, kelias naktis iš eilės buvo sudėtinga užmigti – po mūsų viešbučio langais nuo 12 nakties iki 7 ryto burtininkai dūzgė ir kaukė, atlikdami prieš mus kažkokius ritualus.

Kitą dieną, prieš prasidedant *kruzeidui*, susirinkome visa komanda ir surengėme Viešpaties Vakarienę – dar kartą pasidalijome gyvenimu su Jėzumi. Tada maldoje nusilenkę prieš Jį tarėme: „*Tas, kuris gyvena Aukščiausiojo pastogėje, pasilieka Visagalio pavėsy. Tu esi Viešpats, mūsų prieglobstis ir mūsų apsauga. Todėl joks prieš mus nukreiptas ginklas nebus sėkmingas. Mums nereikės bijoti nakties siaubo, strėlės, iššautos dieną, nei maro, sėlinančio tamsoje, vidurdienį niokojančio sunaikinimo. Pikta manęs nepalies ir maras neprisiartins prie mano buveinės! Ne todėl, kad esu geresnis, bet todėl, kad Viešpats yra mano Ganytojas, Aukščiausiasis, kurį pasirinkau savo prieglobsčiu.*" Su tokiu nusiteikimu nuėjome rengti dar vieno *kruzeido*.

Man pasirodė, kad tą vakarą susirinko dar daugiau žmonių. Stadionas buvo pilnas. Vietiniai gyventojai atnešė okultizmui naudojamus daiktus ir metė juos į krūvą šalia scenos, ant kurios pamokslavome, kad paskui visa tai sudegintume. Beje, vyskupas vis dėlto ryžosi ateiti į tarnavimą.

Kai išėjau pamokslauti, lauke, man iš dešinės, prasidėjo sąmyšis, ir netrukus ten buvę žmonės pradėjo bėgti iš tos vietos. Šiame nesuvokiamame chaose išsiskyrė aukšto vyro figūra, šis vyras rankose laikė lazdą. Netrukus jis jau ėjo tiesiai link scenos ir buvo aiškiai matyti,

TAI TAPO MANO GYVENIMO BŪDU

kaip demonstratyviai žengdamas, jis savo lazda piktai trankė į žemę, keldamas dulkes. Kaip vėliau paaiškėjo, šis pagyvenęs vyras buvo viso regiono burtininkų vadeiva.

Pamatę burtininką žmonės nustojo klausytis pamokslo ir iš siaubo išsibėgiojo kas kur. Tada aš nustojau pamokslauti ir ėmiau tylomis stebėti, kas bus su mumis toliau. Likus maždaug 100 metrų iki scenos, šis vadeiva staiga sustojo. Ne, jis bandė judėti toliau, bet negalėjo žengti nė žingsnio, tarsi būtų atsitrenkęs į sieną. Tada burtininkas įniršęs ėmė spjaudytis, staugti ir lazda daužyti į žemę. Tai tęsėsi kelias minutes. Jis patraukė viso stadiono dėmesį: visi matė kaip jis sustingęs niršta bet niekaip negali pajudėti iš vietos. Tikiu, kad tą akimirką jį sulaikė angelai.

Nusprendžiau tęsti pamokslą, o burtininkas vis dar siautėjo. Netrukus mūsų kareiviams įgriso jo keliamas triukšmas. Kartu su komandos broliais jie sugriebė jį už rankų ir išvilko lauk iš stadiono. Toje vietoje tai buvo stiprus Dievo valdžios pasireiškimas, ta akimirka buvo lūžio momentas: pajutau, kaip užtvara, stovėjusi virš dvasiniame pasaulyje virš šio miesto, griuvo kaip Jericho sienos.

Vietiniai gyventojai skubėjo atgal į stadioną ir veržėsi kuo arčiau scenos. Mes pradėjome melstis ir pirmiausia vedėme žmones į atgailą. Kai jie kartojo atgailos maldą, visame stadione prasidėjo tokie dalykai... Žmones mėtė, kratė, tąsė – stipriausios demoniškos apraiškos pasireikšdavo ir per vaikus ir per suaugusiuosius. Komandai prireikė masiškai nešti žmones lauk iš minios ir tarnauti išlaisvinimo malda, tai buvo labai radikalu. Pajutome, kaip Šventosios Dvasios patepimas sudaužo kiekvieną jungą. Tai buvo stipriausių išlaisvinimų vakaras. Šventoji Dvasia apvalė žmones, atėjo Dievo Karalystė ir jokia tamsa negalėjo išstovėti prieš Jo šviesą. Mes matėme Dievo jėgą ir šlovę, šlovę, šlovę...

Niekada nepamiršiu *kruzeido* Valise, Etiopijos mieste. Tūkstantinėje minioje buvo moteris, kuri buvo šešis mėnesius nėščia. Prieš kelias savaites ji nustojo jausti vaiko judėjimą ir kreipėsi į gydytoją. Po apžiūros ir tyrimų ligoninėje gydytojas patvirtino blogiausią: vaisius numirė ir maždaug dvi savaites buvo negyvas jos įsčiose. Buvo numatyta atlikti skubią operaciją, kad būtų išimtas mirusio vaiko kūnas. Tuo metu ji išgirdo apie *kruzeidą* ir pasakė sau: *„privalau ten patekti, nes Dievas gali ten padaryti stebuklą."* Ji kelias valandas ėjo pėsčiomis iš savo miesto. Tą patį vakarą bendros maldos metu į stadioną nužengė stiprus Dievo buvimas. Ji uždėjo ranką ant pilvo ir pajuto, kaip Šventosios Dvasios ugnis palietė jos kūną – ir kūdikis krustelėjo ir atgijo – pasireiškė prisikėlimo jėga. Motina pradėjo jausti, kaip kūdikis vėl juda įsčiose, ir džiaugėsi kiekvienu nauju kūdikio judesiu. Ji užlipo į sceną ir su jauduliu ėmė pasakoti apie prisikėlimo galią, kurią Dievas parodė maldos metu. Išgirdęs jos liudijimą, aš džiaugiausi kartu su ja ir žavėjausi Dievu. Staiga viskas aplinkui dingo ir aš pradėjau matyti regėjimą dvasiniame pasaulyje:

Pirmiausia pamačiau moterį, kuri prisiliečia prie

TAI TAPO MANO GYVENIMO BŪDU

Jėzaus drabužio krašto ir išgyja. Ši moteris 12 metų kentėjo nuo kraujavimo: „nemaža iškentėjusi nuo daugelio gydytojų ir išleidusi viską, ką turėjo, ji nė kiek nepasitaisė, bet ėjo blogyn ir blogyn." (Mk 5, 25-34) Jokie gydymo metodai ir būdai jai nepadėjo – gyvastis ruošėsi palikti jos kūną. Stipriai nukraujavus, pati gyvastis nyko, nes gyvenimas yra kraujyje.

Dievas pradėjo man aiškinti pranašišką šio vaizdo reikšmę, praverdamas tam tikrą laiko uždangą. Pamačiau, kad pastaruoju metu bažnyčia prarado jėgas ir gyvybę. Naujai atėjusi karta pasimetė arba apmirė tarp sienų, tapusi negyva ir savyje nebeturėdama gyvenimo. Daugybė tikinčių tėvų vaikų pasitraukė nuo Dievo ir žūsta. Narkotikai, ištvirkavimas, nelaimingi atsitikimai, ligos, nusivylimai, priešlaikinė mirtis nusineša žmonių gyvybes... Velnias atakuoja vaikus ir jaunąją kartą, o bažnyčia neturi jėgų su tuo kovoti. Mačiau bažnyčią, kuri išbandė įvairius žmogiškas metodus ir programas. Alegoriškai kalbant dvasios kalba, bažnyčia („ji", nuotaka) atspindi moterį, kenčiančią nuo kraujoplūdžio. Jai reikia tikros prisikėlimo jėgos, kad gyvenimas sugrįžtų į jos kūną.

Aš taip aiškiai mačiau, kaip ši moteris prasibrovė pro minią, kur, galbūt, buvo žmonių, žinančių jos problemą, ir, galbūt, ji kadaise kreipėsi į juos pagalbos. Tačiau jų patarimai negalėjo jai padėti, jie kritikavo Jėzų, jie priskyrė Jo galią Belzebului. Moteris pasiekė tokį stovį, kad pasakė sau: „Man nesvarbu, ką pasakys žmonės, man reikia prisiliesti prie Jėzaus galios."

Ji palietė Jo drabužį, ir Jo galia išėjo. O juk drabužiai – žmogaus esmės, jo kontakto su pasauliu tęsinys. Ji palietė Jo teisumą, Jo esmę, Jo galybę ir pasveiko. Jėzus savo kūne pajuto, kaip iš Jo išėjo jėga, todėl sustojo ir paklausė: „Kas mane palietė?"

Jėzui jėga buvo tokia tikroviška, kad Jis galėjo tiksliai nustatyti, kada ji išėjo iš Jo. Mes matome daugybę Raštų vietų, kurios mums kalba, kad **turėtume Jo jėgą**:

„**Ieškokite Viešpaties ir Jo jėgos**, nuolat ieškokite Jo veido." (1 Metr 16,11)

„Pagaliau, mano broliai, būkite stiprūs Viešpatyje ir Jo **galybės jėga**." (Ef 6, 10)

„Jėzus jiems (sadukiejams) atsakė: ar gi ne todėl klystate, kad neišmanote nei Raštų nei **Dievo galybės**?" (Mk 12, 24)

Tai dvasios kalba: staiga pamačiau bažnyčią, siekiančią paliesti Viešpatį. Jėzus nepasikeitė, Jis laukia, kol mums atsibos viskas, kas žmogiška, ir mes ateisime pas Jį ir semsimės Jo jėgų...

Antra, pamačiau sinagogos vadovą Jairą, kuris puolė prie Jėzaus kojų su žodžiais: „*Mano vienintelė dukra dabar miršta. Ateik, uždėk ant jos ranką, ir ji gyvens.*" Jis buvo visame mieste garsus žmogus, vyresnysis, viršininkas. Tikėtina, kad Jairas daug laiko praleido sinagogoje su fariziejais ir sadukiejais, kurie tyčiojosi iš Jėzaus, atmetė Jo jėgą ir ieškojo kuo Jį apkaltinti. Fariziejai atstovavo religinei struktūrai, tačiau religija neturi jėgos. Be abejo, Jairas stebėjo Jėzų ir galbūt net pašiepė Jį kartu su fariziejais, tačiau tik iki to, kol jo šeimą palietė tokia nelaimė, su kuria religija nesusitvarkė. Jam reikėjo Dievo jėgos, o religija nebeįstengė padėti. Dvylikametė Jairo dukra susirgo mirtina liga, kuri taip pat pranašiškai liudija, kas vyksta su dabartine jaunaja karta.

Dievas man parodė, kad ateina laikas, kai daugelis žmonių supras, kad jų religija neturi Dievo galios ir neįstengia atsakyti į jų situacijas ir problemas. Mačiau, kaip mus aplinkybės taip suvaržys, kad nė viena religija nepajėgs to įveikti. Tada religingi žmonės, tokie kaip Jairas, nustos garbinę religinę sistemą, nustūmę šalin žmonių nuomonę ir išdidumą ateis prie gyvojo Jėzaus ir nusilenks prieš Jį, prašydami **Jo jėgos.**

Trečias vaizdas: pamačiau, kaip Dievas atvėręs dangų prabilo: *„Tai, kas nutiko dabar su šia moterimi ir jos mirusiu vaiku, – tai liudijimas tau, kad dabar Savo Dvasios galia prikeliu kitą kartą. Ši karta yra apmirusi religinės sistemos įsčiose. Bet aš juos prikelsiu savo Dvasios jėga, jie patirs šią prisikėlimo jėgą ir atgis. Įvyks tikras susitikimas su Karaliumi, su gyvuoju Dievu ir prisilietimas prie Mano Dvasios jėgos."* **Aš mačiau,** kaip prisikelia visa karta. Jie pažins Dievą ir Jo tikrovę, jie pažins mylinčio Tėvo širdį, kuris sukūrė jiems dangų ir žemę, kuris Savo rankoje laiko visą Visatą, kuriam nieko nėra neįmanomo!

Brolau, sese, aš nežinau, kurioje srityje velniui pavyko atnešti mirtį į tavo gyvenimą, bet aš tikrai žinau, kad Dievas per šias knygos eilutes nori paliesti būtent tave ir atnešti prisikėlimo jėgą į tavo gyvenimą. Šventoji

DIDELIS DIEVAS

Dvasia atgaivins tave naujam gyvenimo sezonui. *„Bet kai ant jūsų nužengs Šventoji Dvasia, jūs gausite Jos jėgos, ir tapsite Mano liudytojais."* (Apd 1, 8) Aš dabar meldžiuosi už tave ir per šią knygą pranašauju jums, kad jei jūs ją perskaitysite, Dievas jus padarys liudytoju Jeruzalėje, Judė-joje, Samarijoje ir net iki žemės pakraščių!

Tikiu, kad per visus šiuos gyvus liudijimus Dievas tave prikelia. Galbūt tiesiog dabar tu išgyveni šią jėgą, nes Šventoji Dvasia nužengia ant tavęs ir sutoikia gyvybę; jis dabar prikelia tavo svajones, kurios buvo į tave įdėtos paties Dievo. Tu jų ilgą laiką nebeprisiminei ir seniai jas palaidojai. Dievas prikelia jas visas ir prikelia tave skelbti Evangeliją po visą žemę. *„Nes žemė bus kupina Viešpaties šlovės pažinimo, kaip jūra kupina vandenų."* (Hab 2, 14)

Praėjus šiek tiek laiko, mes išsiuntėme savo komandą į kaimą, kad sužinotume, kaip toliau susiklostė moters gyvenimas, kurios įsčiose buvo prikeltas kūdikis. Pasirodo – ji išnešiojo ir pagimdė sveiką vaiką, sūnų. Aš vėl išgirdau iš Dievo: *„Aš prikeliu juos, nauja karta gimsta iš Mano Dvasios jėgos. Tai mano sūnūs, mano dukterys, kurie vaikščios Mano šlovėje ir jėgoje, kurie atneš dangų į žemę."* Mes su jumis – ta karta, kuri pakeis šią žemę, žmonės taps pamišę dėl Kristaus. Todėl nieko nebijok, nes Dievas yra daug daugiau, nei gali įsivaizduoti. Leisk Jam būti DIDELIU DIEVU tavo gyvenime ir per tave pasiekti daugybę žmonių.

PRIEDAS 1

APIE AUTORIŲ

Andrey Shapoval – pastorius, evangelistas, misionierius, visame pasaulyje garsus pranešėjas ir tarnavimo „Ugnies Liepsna" („Flame of Fire Ministry") įkūrėjas. Po atgailos prieš Dievą jis visiškai pasišventė Dievo pažinimui ir netrukus išgyveno antgamtinį susitikimą su Jėzumi.

Andrejus aistringai myli Dievą, turi tėvo širdį ir tarnauja žmonėms, kreipdamas juos į apreiškimo šviesą, mokydamas, kaip vykdyti dieviškąjį pašaukimą. Kartu su savo komanda jis rengia konferencijas, seminarus, mokymus visame pasaulyje. Jis skelbia Karalystės Evangeliją, ir Dievas galingai veikia, patvirtindamas savo Žodį stebuklais ir Savo šlove. Per jo tarnystę daugybė žmonių ateina pas Kristų ir patiria Šventosios Dvasios ugnį, Dievas išlaisvina, gydo ir atkuria gyvenimus.

Andrejus su savo žmona Natalija augina keturis vaikus ir gyvena Sakramente, Kalifornijoje.

PRIEDAS 2

KAIP MUS RASTI

www.facebook.com/AndreyShapovalPage

www.instagram.com/ffministry

www.youtube.com/ffministry

Jei turite liudijimų, susijusių su šia knyga, parašykite man apie tai el. paštu: andrey@ffministry.com

Jūs galite sužinoti daugiau apie tarnavimą „Ugnies Liepsna" ir tapti šios vizijos dalimi, apsilankę mūsų tarnavimo tinklalapyje: www.ffministry.com

Kviečiame jus tapti mūsų kasmetinės *„Karalystės teritorija"* mokyklos dalyviu ir savaitei pasinerti į Dievo buvimo atmosferą. Registracija ir išsami informacija svetainėje: www.kingdomdomain.com

Norėdami tapti tarnavimo „Ugnies Liepsna" rėmėjais, galite tai padaryti per Paypal platformą nurodę gavėjo el. paštą: admin@ffministry.com

Jei jūsų organizacija ar bažnyčia nori pakviesti Andrey Shapoval dalyvauti konferencijoje ar renginyje, susisiekite su mūsų tarnavimo biuru. Mes tikrai apsvarstysime jūsų kvietimą!

admin@ffministry.com
+1 (916) 472-0847
+1 (916) 338-3390

PRIEDAS 3

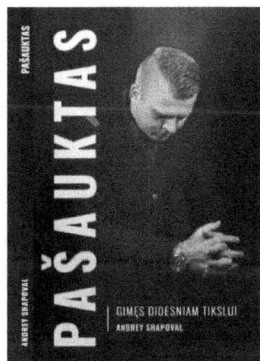

Dievas yra daug labiau suinteresuotas tavo pašaukimu nei tu pats! Tu Dievo dovana šiai kartai, Tavo viduje įdėtas nuostabus dieviškasis potencialas. Ir aš tikiu, kad Tu PAŠAUKTAS IR GIMĘS DIDESNIAM TIKSLUI!

Kaip surasti save Dieve? Kas aš Jame? Kartą ši tema įtraukė mane į ištisą Dievo kelionę. Šioje knygoje dalinuosi tuo, ko Šventoji Dvasia mane išmokė per daugelį metų; **tai tūkstančiai valandų, praleistų Dievo buvime.** Todėl knyga „Pašauktas" - ne tik teorija ar informacija, tai Šventosios Dvasios apreiškimas radikaliai paveikęs mano mąstymą, kuris pakeitė mano paties gyvenimą. Aš atvirai aprašau savo kovas, paieškas, klaidas, patirtis ir apreiškimus. Pamatysite dvasinę patirtį, kurią Viešpats leido man išgyventi. Šios knygos dėka galėsite aiškiau suprasti Dievo planą savo gyvenimui ir pamatyti praktinius žingsnius savo pašaukimo link, taip pat sužinoti, kokia kova vyksta prieš kiekvieno žmogaus pašaukimą ir kaip suprasti dvasios kalbą, kaip nuolat degti dėl Dievo ir nesudegti, ir daug kitų dalykų...

Pašaukimas – tai paslaptis, kurią kiekvienam asmeniui asmeniškai atskleidžia Šventoji Dvasia, tai taip pat yra procesas ir įdomi kelionė su Šventąja Dvasia. **Ir nesvarbu, kiek tau metų – Dievas nori tave vesti toliau.**

www.ingramcontent.com/pod-product-compliance
Lightning Source LLC
LaVergne TN
LVHW012107070526
838202LV00056B/5652